MONTESSORI FÜR DIE GANZE FAMILIE

DK

MONTESSORI FÜR DIE GANZE FAMILIE

Einfache Ideen für mehr Harmonie und Achtsamkeit im Alltag

TIM SELDIN und LORNA McGRATH

INHALT

Kapitel 1
WAS IST MONTESSORI?

Kapitel 2
DAS MONTESSORI-ZUHAUSE

STRATEGIEN FÜR DEN ALLTAG

Kapitel 3
FAMILIENLEBEN NACH MONTESSORI

VORWORT

Menschen aus aller Welt, die von Montessori-Schulen gehört haben oder sie aus persönlicher Erfahrung kennen, sind von der positiven Atmosphäre, der Ruhe und Ordnung in den Klassen sowie der Unabhängigkeit, Reife und Freundlichkeit der Kinder beeindruckt.

Eine oft gestellte Frage lautet: Was ist das Geheimnis, das einem oder zwei Erwachsenen ermöglicht, große Kindergruppen in einer friedlichen Atmosphäre zu leiten? Zu einem Großteil liegt die Lösung darin, dass Montessori-Lehrer lernen, bewusst kooperative Klassengemeinschaften zu schaffen. Dieses Buch möchte Eltern zeigen, wie sie die gleichen Prinzipien in ihrem Familienalltag anwenden können.

Wir Autoren können uns kaum an eine Zeit in unserem Leben erinnern, die nicht von der Montessori-Pädagogik geprägt war – sie ist für uns eine Lebenshaltung. Dieses Buch stützt sich auf unsere persönlichen Erfahrungen als Kinder, Eltern, Montessori-Pädagogen und Berater unzähliger Familien, die sich einen Erziehungsstil wünschen, der von Freundlichkeit, Respekt und Partnerschaftlichkeit geprägt ist. Wir haben viel aus der Beobachtung und der Arbeit mit Eltern und Kindern sowie aus der Erziehung unserer eigenen Kinder gelernt.

Eltern zu sein ist ein Vollzeitjob. Früher blieben viele Mütter zu Hause bei den Kindern, die Väter gingen arbeiten. Heute jonglieren Erziehungsberechtigte in Familien aller Formen und Größen mit Berufstätigkeit und Elternschaft – ob Mütter und Väter, gleichgeschlechtliche Paare oder Alleinerziehende, ob Großeltern mit Enkeln oder Patchworkfamilien. Kleine Kinder werden oft von anderen betreut, ältere Kinder verbringen einen Großteil des Tages in der Schule und bei außerschulischen Aktivitäten.

“ ”

Das kindliche Gehirn ist auf Lernen programmiert; in den ersten Lebensjahren ist es sehr wichtig, es entwicklungsgerecht zu stimulieren.

Gleichzeitig wächst das Bewusstsein dafür, wie wichtig die Umgebung und die ersten Erfahrungen für Säuglinge, Kleinkinder und die frühen Lebensjahre sind. Wir wissen, dass das Gehirn von Kindern auf Lernen programmiert ist. Deshalb ist es besonders in den ersten Jahren wichtig, sie entwicklungsgemäß zu stimulieren. Und das hört nie auf. Solange Kinder heranwachsen, brauchen sie Zuwendung, Aufmerksamkeit, Engagement und Unterstützung – bis ins junge Erwachsenenalter hinein.

Die meisten von uns möchten ihren Kindern das bestmögliche Zuhause bieten, das Zeit und Ressourcen erlauben. Unsere Aufgabe als Eltern besteht nicht nur darin, unsere Kinder zu füttern, zu liebkosen und zu beschützen. Wir wollen ihnen auch den Weg weisen, unabhängige, selbstbewusste, erfolgreiche Erwachsene zu werden und ein glückliches und erfülltes Leben zu führen. Da diese Reise viele Jahre dauert, hilft es, uns unser Ziel bewusst zu machen. Wenn Sie sich einen frischen Erziehungsansatz und praktische Vorschläge wünschen, dann ist dieses Buch für Sie. Wir hoffen, dass es Sie dazu ermutigen wird, die Zeit mit Ihren Kindern mehr denn je zu genießen. Neben zahlreichen praktischen Anleitungen und Ideen für gemeinsame Aktivitäten vermittelt es auch die Botschaft, dass das Leben gefeiert werden möchte. Wie wir die kleinen, alltäglichen Dinge und unsere Liebe füreinander zelebrieren, kann den ganzen Unterschied ausmachen, sowohl für unsere Kinder als auch für uns als Mütter, Väter, Großeltern oder Betreuer.

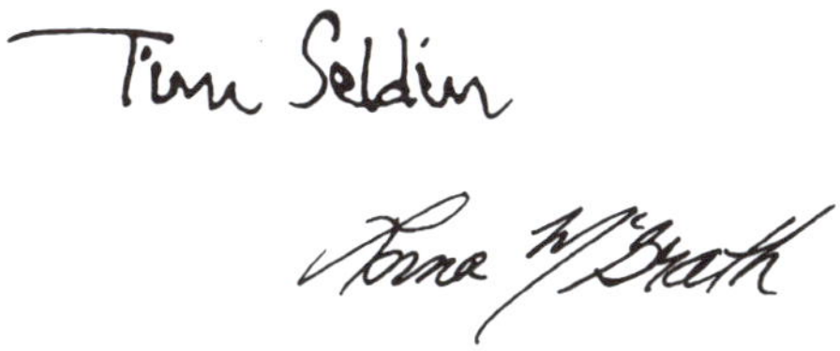

Zu einem anregenden und harmonischen Zuhause gehört es, unseren Kindern beizubringen, den Alltag mit kleinen Dingen zu zelebrieren.

WAS IST MONTESSORI?

DIE MONTESSORI-PHILOSOPHIE

Über 22 000 Schulen in mehr als 110 Ländern folgen dem Ansatz von Dr. Maria Montessori. Ihre Philosophie beeinflusst, in welcher Art und Weise Klassenräume organisiert und Kinder beim Lernen gefördert, aber auch, wie Beziehungen gestaltet werden, ob zu Hause, am Arbeitsplatz oder anderswo.

Montessori als Lebenshaltung

Die meisten Menschen denken bei Montessori an einen Vorschullehrplan und eine Pädagogik für sehr kleine Kinder. Zwar trifft es zu, dass die ersten Montessori-Schulen für Kinder unter sieben Jahren entwickelt wurden, doch heute gibt es sie für alle Altersstufen, von den ersten bis zu den weiterführenden Schuljahren. Darüber hinaus werden die Kernprinzipien der Montessori-Pädagogik jenseits des schulischen Bereichs heute auch auf das Familienleben und auf Firmen ausgeweitet und in sozialen Einrichtungen angewendet.

Die Montessori-Denkweise ist sehr umfassend, im Grunde aber das Bemühen, eine Kultur zu schaffen, in der Menschen jeden Alters friedlich und sich gegenseitig unterstützend kooperieren. Das widerspricht intuitiv dem vertrauten autoritären Ansatz mit Kontrolle von oben nach unten, Belohnen und Bestrafen und externer Beurteilung von Leistung. Montessori fördert die Gewohnheit, nach Exzellenz zu streben und Aufgaben bestmöglich auszuführen, setzt aber darauf, dass die Kinder Werte, Arbeitsgewohnheiten, soziale Fähigkeiten, Denken und Problemlösung zur Erreichung von Zielen verinnerlichen. Das ermöglicht ihnen, ihre eigene Stimme zu finden oder wiederzuentdecken, möglichst konfliktarm mit anderen zusammenzuarbeiten, ihre Gefühle zu erkennen, selbstbewusst zu sein und anderen mit Respekt zu begegnen. Dank dieser Haltung empfinden viele Montessori-Kinder zu Hause, in der Schule und später am Arbeitsplatz große Zufriedenheit und Verbundenheit mit anderen.

Die grundlegenden Jahre

Eine der ersten Entdeckungen von Dr. Maria Montessori war, dass die wichtigste Zeit in der Erziehung eines Kindes nicht das 12. bis 18. Lebensjahr, sondern die ersten sechs Jahre sind. Während viele Menschen glaubten, dass Kinder nur spielten – in der Tat verwenden wir immer noch den Begriff »Kindergarten« für Einrichtungen, die kleine Kinder betreuen – erkannte sie, dass sich in diesen Jahren das Gehirn und das Nervensystem am stärksten entwickeln.

Diese Entwicklung geht weit über das akademische Lesen und Rechnen lernen hinaus. Kinder erwerben grundlegende

Montessori legt Wert darauf, dass Kinder Zugang zu Büchern und Nachschlagewerken bekommen, damit sie die Angewohnheit des lebenslangen Lernens entwickeln.

> Montessori ist eine Methode, eine Kultur zu schaffen, in der Menschen unterschiedlichen Alters friedlich und einander unterstützend kooperieren.

Fähigkeiten und Konzepte, die sie für ihr ganzes Leben prägen – z. B. Gleichgewicht und Koordination, exekutive Fähigkeiten wie Organisieren und Planen, die ersten Stufen der Unabhängigkeit sowie Wörter und Sprache. Sie entwickeln auch einen inneren Ordnungssinn, ein Gespür für soziale Normen und Werte sowie eine positive Einstellung zu ihrer geschlechtlichen, ethnischen und spirituellen Identität. In dieser Zeit lernen Kinder, wie man lernt.

Idealerweise ermöglicht ein Verständnis des Montessori-Ansatzes Familien vor der Geburt ihres ersten Kindes, von Anbeginn an zu Hause eine kooperative Atmosphäre zu pflegen. Die Montessori-Philosophie kann für eine Familie aber auch hilfreich sein, wenn diese sie erst zu einem späteren Zeitpunkt entdeckt, und Familien mit Kindern jeden Alters können lernen, wie Montessori-Pädagogen eine ruhige, friedliche und kooperative Atmosphäre schaffen.

> Montessori lehrt uns, unseren Kindern zuzuhören, unsere Gedanken zu überprüfen und im Umgang mit unseren Kindern konsequent zu sein.

Montessori fördert das praktische Lernen, das Kindern ein gründliches Verständnis von Konzepten ermöglicht.

Familienleben nach Montessori

Die praktische Umsetzung der Montessori-Philosophie in der Familie fördert das kindliche Lernen.

- Familien, die nach Montessori leben, erkennen den Wert des praktischen Lernens. Sie verstehen, dass viele Fähigkeiten und Konzepte, die Kinder lernen sollen, abstrakt sind und durch Lehrbücher nicht zum Leben erweckt werden. Statt Auswendiglernen zu erwarten, bieten die Eltern ihren Kindern konkrete Erfahrungen, durch die sie Konzepte verstehen und anwenden lernen.
- Die Familien wertschätzen Bücher und machen ihre Kinder mit Bibliotheken vertraut, sowohl physischen als auch digitalen, um sie an wertvolle Literatur und Nachschlagewerke heranzuführen.
- Montessori-Familien ist es wichtig, in der Natur zu sein: um im Garten zu arbeiten, die Natur zu entdecken und zu pflegen und zum Wandern und Erforschen.

Das Konzept der Führung

Montessori-Lehrer lernen in einer mindestens einjährigen Ausbildung, nach der Montessori-Methode zu unterrichten. Ein Kurs lehrt sie, eine Klasse nach Montessori zu führen und systematisch eine Montessori-Kultur und Routinen zu etablieren, die den Kindern Wahlfreiheit innerhalb klarer Grenzen bieten. Diese zentralen Strategien ermöglichen den Lehrern, eine kooperative Klassengemeinschaft aufzubauen. Dasselbe Konzept der Führung lässt sich auf die Familie als »Familienführung nach Montessori« übertragen, bei der Strategien zur Entwicklung gesunder familiärer Beziehungen ein besonderes Gemeinschaftsgefühl entstehen lassen.

Bei der Familienführung nach Montessori geht es nicht um Disziplin in dem Sinn, dass Grundregeln und ein System von Belohnen und Bestrafen das Verhalten kontrollieren. Stattdessen wird eine Kultur der Freundlichkeit, der Wärme, des gegenseitigen Respekts und ein gemeinsames Einhalten von Verhaltensweisen im täglichen Leben kultiviert. Unsere Kinder sollen lernen, ihre Gefühle zu verstehen und diese in respektvoller und angemessener Weise auszudrücken; herausfinden, wie sie sich ausdrücken können, ohne andere zu verletzen, und lernen, dass alle Konflikte gewaltfrei und zur Zufriedenheit aller Parteien gelöst werden sollten, wo immer dies möglich ist.

Die Montessori-Philosophie erkennt auch an, dass jedes Kind und jede Familie anders ist. Montessori lehrt uns die Kunst, unseren Kindern zuzuhören, aufmerksam wahrzunehmen, was geschieht, uns unsere Gedanken bewusst zu machen und Prinzipien zu befolgen, die Stress minimieren, uns konsequenteres Verhalten und Familien ein glückliches und harmonisches Zuhause ermöglichen.

Zeit mit der Familie zu verbringen, die Welt zu entdecken und in der Natur zu sein schafft eine Familienkultur der wechselseitigen Unterstützung.

ZENTRALE MONTESSORI-PRINZIPIEN

Die folgenden Montessori-Prinzipien können zu Hause angewendet werden und bieten Eltern einen wertvollen Ausgangspunkt für ein Familienleben nach Montessori.

1

Konsequent sein

Bringen Sie Kindern klare Regeln bei und leben Sie sie durch Ihr Beispiel vor. Testet Ihr Kind Grenzen aus, halten Sie es beständig und freundlich, aber bestimmt auf Kurs.

2

Respektvoll sprechen

Unsere Worte und Taten sollten nie beschämen. Sprechen Sie mit Ihrem Kind freundlich und respektvoll – wie mit dem Erwachsenen, der es sein wird –, wecken Sie in ihm das Beste.

3

Einzigartigkeit wertschätzen

Jedes Kind hat seine eigene Sichtweise und reagiert auf seine eigene Art. Vergleichen Sie Kinder nicht miteinander oder mit sich. Schätzen Sie das, was ein Kind einzigartig macht.

4

Sinn für Ordnung fördern

Damit Kinder logisch denken und eine Abfolge von Schritten befolgen lernen, müssen wir Ruhe und Ordnung vermitteln. Ein strukturiertes Zuhause mit Routinen fördert dies.

5

Ermutigen statt loben

Loben wir Kinder ständig, können sie nach Lob süchtig werden. Durch Ermutigung regen wir sie zum Weitermachen an und vermitteln, dass ihr Bemühen anerkannt wird.

6

Eigenmotivation anregen

Wenn Sie Verhaltensweisen lehren, sie konsequent vorleben, anerkennen und wertschätzen, wird es zur zweiten Natur. Fördern Sie die Gewohnheit, Dinge auf die richtige Weise zu tun.

7

Freiheit in Grenzen geben

Kindern angemessene Bewegungsfreiheit und Wahlmöglichkeiten innerhalb klarer, sicherer Grenzen zu geben fördert die Entwicklung von Unabhängigkeit und Selbstdisziplin.

8

Lebenslanges Lernen fördern

Stellen Sie Kindern die richtigen Fragen, statt Antworten zu liefern. Zu lernen, *wie* man lernt, Konzepte zu verstehen und gründlich und kreativ zu denken hilft uns, uns zurechtzufinden.

9

Eigenständigkeit fördern

Es ist unsere Aufgabe, Kindern zu körperlichen, intellektuellen und sozialen Fähigkeiten zu verhelfen, die ihnen ermöglichen, unsere Gemeinschaft als Teil von ihr mitzugestalten.

10

Anmut und Manieren

Wir lehren Kinder Anmut – Körperkontrolle – und Manieren, ihr soziales Äquivalent, sodass sie Respekt zeigen, andere nicht verletzen und weder sich noch andere beschämen.

11

Verantwortung zeigen

Übernehmen wir persönliche Verantwortung für unser Handeln und bieten einen emotional sicheren Raum, in dem Fehler Lernchancen sind, lernen Kinder, zu ihrem Verhalten zu stehen.

DAS MONTESSORI-ZUHAUSE

MONTESSORI FÜR ALLE FAMILIEN

Montessoris Sicht auf die Welt und auf zwischenmenschliche Beziehungen ist von Partnerschaftlichkeit geprägt. Eltern aller Gesellschaftsschichten fühlen sich von ihrer Pädagogik angezogen. Familien, die nach der Montessori-Philosophie und ihren Prinzipien leben, die ihre Kinder auf eine Montessori-Schule schicken oder nach Montessori erziehen, haben oft viel gemeinsam, auch wenn ihr Hintergrund sehr verschieden sein kann.

Eine mutige Entscheidung

Nach Montessori zu erziehen kann eine mutige Entscheidung sein. Denn Montessori lehrt Kinder, eigenständig zu denken und ihre Meinung zu artikulieren. So könnte es z. B. für Eltern eines sechsjährigen Kindes viel einfacher sein, wenn es ihren Hinweis, dass ein komplettes Recyclingzentrum in der Küche nicht praktikabel ist, einfach hinnehmen würde, statt dies zu hinterfragen. Montessori fördert unabhängiges Denken und Argumentieren der Kinder und stellt Eltern vor die Aufgabe, ihre Kinder dabei zu unterstützen, Projekte zu erforschen und praktische Lösungen zu finden. So lernen Kinder, wie Dinge funktionieren und welche Herausforderungen ein Vorhaben darstellen kann.

Eine gemeinsame Weltsicht

Montessori zufolge sind Kinder bereits von klein auf zu erstaunlichen Leistungen fähig, unabhängig von Geschlecht und ethnischer Zugehörigkeit. Kinder aus allen Familien unabhängig von sozialer Schicht, Einkommen und Familienstruktur können ihr volles Potenzial entfalten, wenn sie von Anbeginn an die richtige Anregung und emotionale Unterstützung erhalten. Nach Montessori zu leben bedeutet nicht, sich auf bestimmte Weise einzurichten oder spezielle Lernmittel zu kaufen. Vielmehr geht es darum, dass die Eltern ihre Kinder zu Freundlichkeit und Empathie erziehen und sie dazu ermutigen, ihre angeborene Intelligenz, Neugierde sowie Kreativität auszuleben und das Wunder des Lebens wertzuschätzen.

Für eine Montessori-Familie sind Kinder einzigartige Individuen, mit eigenen Wesenszügen, Interessen und Emotionen, wie jung sie auch sind. Die Familie unterstützt ihre Kinder dabei, Dinge selbst zu tun, damit sie unabhängig werden und ihre Fähigkeiten und den Wert ihres Beitrags zur Welt erkennen können.

Ein kollektives Ziel

Montessori-Familien sind der Ansicht, dass sie zu einer besseren Welt beitragen können, indem sie in der Familie Frieden lehren: wie man Konflikte gewaltfrei löst, einander zuhört und wertschätzt und kooperativ und partnerschaftlich zusammenlebt statt sich von Kurzsichtigkeit und Eigennutz leiten zu lassen. Auch wenn Familien Montessori oft entdecken, weil sie eine gute Kinderbetreuung suchen, erkennen viele, die sich auf ihre Philosophie einlassen, dass eine bessere Zukunft für alle damit beginnt, dass wir unseren Kindern eine bestimmte Art des Miteinanders vermitteln. Wenn Montessori Sie anspricht, erweist sich ihre Pädagogik für Ihre Familie vielleicht als wunderbare Bereicherung.

“ ”

Bekommen Kinder von Anfang an die richtige Anregung und emotionale Unterstützung, können sie ihr volles Potenzial entfalten.

Montessori stellt Eltern vor die Aufgabe, ihren Kindern zuzuhören und durch Erkunden der Welt ihre Neugierde zu fördern.

FAMILIENWERTE

Wir geben unsere Weltsicht an unsere Kinder weiter. Jeder Einzelne von uns hat Werte, die wir weitergeben, wenn wir ein Kind großziehen, ob als leibliche oder Adoptiveltern, als Alleinerziehende, als Pflegeeltern oder als Großfamilie mit Großeltern.

Eine klare Botschaft

In einem Montessori-Zuhause fördern die Eltern zentrale Familienwerte und grundlegende Ziele. Daher ist es wichtig, dass wir uns über unsere Werte im Klaren sind. Allerdings können wir diese unseren Kindern nicht einfach aufzwingen, ohne sie selbst vorzuleben.

Wenn wir uns um Einvernehmen mit dem anderen Elternteil und um konsequentes Handeln und Agieren im alltäglichen Miteinander bemühen, erhöhen wir die Wahrscheinlichkeit, dass unser Kind die Botschaften, die es von uns erhält, aufnimmt und versteht und aus unserem Beispiel lernt.

Im Zuhören und Sprechen mit jedem einzelnen Familienmitglied, vom jüngsten bis zum ältesten, stärkt man wichtige Montessori-Werte wie gegenseitigen Respekt.

Identifizieren Sie Ihre Werte

Damit die Kinder die Werte ihrer Familie begreifen, sollten zunächst die Erwachsenen sich über sie Klarheit verschaffen. Überlegen Sie, in welchen Bereichen Sie und Ihr Partner übereinstimmen und in welchen nicht. Teilen Sie zum Beispiel die gleichen Ansichten bezüglich der religiösen Erziehung Ihres Kindes? Wenn nicht, können Sie eine gemeinsame Lösung finden? Und wie sehen Sie die Rollen der Elternteile? Wenn der eine Konflikte lieber vermeidet, muss dann der andere Elternteil Regeln durchsetzen?

Kinder übernehmen nicht nur unsere Werte, sondern unbewusst auch unsere Voreingenommenheiten, weshalb es wichtig ist, dass wir alle unsere Vorurteile auf den

Prüfstand stellen. Idealerweise setzen sich die werdenden Eltern in Vorbereitung auf die Elternschaft bewusst mit ihren Werten auseinander und wiederholen dies später regelmäßig, um sicherzustellen, dass sie in Worten und im Tun die gewünschten Botschaften vermitteln.

Während Familienwerte von vielen Faktoren abhängen – wie ethnische Zugehörigkeit, Glauben, politische und soziale Einstellungen –, strebt Montessori bestimmte gemeinsame Werte als solides Fundament für eine Familie an:

- **Familienmitglieder fördern gegenseitige Neugier,** Kreativität und Fantasie.
- **Sie entwickeln** eine Leidenschaft dafür, Dinge bestmöglich umzusetzen.
- **Universelle Werte** wie Gewaltlosigkeit, Ehrlichkeit, Freundlichkeit, Empathie und Respekt werden gelehrt und praktiziert.
- **Kindern wird eine globale Sichtweise** und Akzeptanz von Unterschieden vermittelt, die das sind, was den individuellen Menschen ausmacht.
- **Eine Familientradition,** anderen zu helfen, wird gefördert.
- **Geschlechterrollen** gibt es nicht.
- **Familienmitglieder hören einander zu** und sprechen respektvoll und achtsam miteinander.
- **Gespräche klären,** wie sich jeder in einer bestimmten Situation fühlt.
- **Jeder versucht,** seine Absichten klar auszudrücken und sorgt dafür, dass sein Tun den Worten entspricht.
- **Konflikte oder Sorgen** werden direkt und friedlich geklärt, es wird kein Groll gehegt oder bei anderen geklagt.
- **Verantwortung wird geteilt,** der Beitrag jedes Einzelnen wird geschätzt.
- **Fehler gelten als Chance** zum Lernen.
- **Jede Person wird gleich behandelt,** die Familie bemüht sich, unbeabsichtigte Ungerechtigkeiten zu beseitigen.

FAMILIENKULTUR

Eine Familienkultur wird von ihren Werten geprägt. Familien, die Montessori folgen, entwickeln eine Kultur des Respekts, der Freundlichkeit und der Kooperation. Dies kann in der häuslichen Umgebung, im Eingehen auf die emotionalen Bedürfnisse der Kinder, in Traditionen, respektvollem Verhalten, aufmerksamem Zuhören und rücksichtsvoller Kommunikation ihren Ausdruck finden.

Ein engagiertes Kind

In einer Familienkultur nach Montessori werden die Kinder ermutigt, bei Entscheidungen mitzuwirken, Gefühle auszudrücken und Neues auszuprobieren. Dies mag für manche nach Chaos, Rebellion und Unordnung klingen, doch das trifft auf eine Familie, in der die Eltern führen und ihre Werte den Umgang miteinander prägen, nicht zu. Montessori-Eltern setzen Grenzen, ohne Potenzial einzuschränken, und führen ihr Kind, während sie ihm Individualität und Autonomie erlauben.

Denkmuster hinterfragen

Kinder mitreden zu lassen kann bedeuten, dass wir überkommene Ansichten loslassen und einsehen müssen, dass wir unsere Kinder nicht wie Lehm nach einem Bild formen können, das uns vorschwebt. Stattdessen erlauben wir ihnen, ihre einzigartige Persönlichkeit und ihre Interessen zu entfalten, und geben ihnen Freiheit innerhalb von Grenzen.

Eine Absage an Geschlechterstereotype ermöglicht Kindern, ihre Interessen frei zu erkunden. So kann jedes Kind beim Abwasch, beim Kochen oder bei der Hausarbeit helfen. Und werden größere Kinder in der Planung des Familienbudgets miteinbezogen und mit Geldfragen konfrontiert, versetzt sie das in die Lage, zu Entscheidungen beizutragen.

Familientreffen

Zentral für eine Familienkultur nach Montessori ist ein wöchentliches Treffen der ganzen Familie, mit allen Generatio-

Das Format der Familientreffen

Eine Familienbesprechung umfasst vier Aspekte, wie unten beschrieben. Auf S. 66–67 wird erklärt, wie Sie diese in die Praxis umsetzen können.

- Wertschätzung und Anerkennung. Jede Person gibt und erhält Wertschätzung oder Anerkennung für Dinge, die sie in der vergangenen Woche getan hat.
- Anfangen: Das Familienmitglied, das das Treffen leitet, führt die Familie durch die Tagesordnung.
- Was steht an? Die Familienmitglieder erzählen, was in der bevorstehenden Woche auf sie zukommt, damit sich alle gegenseitig unterstützen können.
- Familienspaß! Der Moderator wählt eine einfache, lustige Aktivität oder ein Spiel von maximal 10 Minuten Dauer, um das Treffen abzuschließen.

Wie die Treffen vonstatten gehen, richtet sich nach dem Alter der Kinder. In jüngeren Familien ist der Rahmen informell und kindgerecht.

nen, um Probleme zu lösen, Absprachen zu treffen, Führungsqualitäten einzuüben, kreativ zu denken, zuzuhören, Gedanken und Ideen auszutauschen und sich an der Gesellschaft der anderen zu freuen. Probleme werden erörtert und Lösungsmöglichkeiten erkundet. Ist dies gut gemacht, fördert es kreatives Denken, Zusammenarbeit und Respekt.

Die Familienmitglieder wechseln sich bei der Moderation der Treffen ab, wobei die jüngeren Mitglieder von den älteren durch deren Vorbild lernen (siehe S. 64). Die Treffen bieten der Familie ein Forum für ehrliche, offene Kommunikation und ermöglichen dem Kind, Gefühle auszudrücken, Probleme zu lösen und Bindungen zu stärken. Sie erlauben tiefer gehende Gespräche als die digitale Kommunikation oder die Gespräche während Mahlzeiten.

Regelmäßige Treffen, ohne Unterbrechungen oder Ablenkungen, vermitteln das Gefühl, dass die Familienzeit wertvoll ist und jedes Mitglied ein wichtiger Teil davon ist. Auf S. 64–67 finden Sie Anregungen für die Gestaltung Ihrer wöchentlichen Familientreffen.

ERZIEHUNGSPARTNERSCHAFT

Ganz gleich, ob Sie sich die elterliche Verantwortung mit Ihrem Ehe- oder Lebenspartner, Ihrer Ex, einem guten Freund, Ihren Eltern oder einer anderen Person teilen – wichtig ist, dass Sie sich regelmäßig über Ihre Erziehungsziele austauschen.

Ins Gespräch kommen

Sie und Ihr Partner sollten hinsichtlich des Verhaltens Ihres Kindes und der Werte, die Sie ihm vermitteln möchten, im Einvernehmen sein, um dem Kind einen verlässlichen Rahmen zu bieten und Ihnen eine harmonische Erwachsenenbeziehung. Im Idealfall sprechen Paare über Erziehungspraktiken, bevor sie Eltern werden, aber das tun die wenigsten. Meistens bekommen wir ein Kind und fragen uns erst in schwierigen Situationen, wie wir gemeinsam erziehen wollen oder welche Werte wir teilen.

Vor einem Gespräch über Erziehungsfragen könnten Sie und Ihr Partner sich Gedanken darüber machen, wie Sie sich Ihr Kind mit 18 Jahren vorstellen und wie

Diskutiert man über Erziehungsfragen und findet eine gemeinsame Basis, ermöglicht das eine widerspruchsfreie und umsichtige Erziehung.

“ ”

Über die Hoffnungen und Gedanken zu sprechen, die man mit seinen Kindern verbindet, fördert eine starke und liebevolle Erziehungspartnerschaft.

Sie es erfolgreich auf das Erwachsenensein vorbereiten können. Vielleicht wünschen Sie sich, dass Ihr Kind Ehrlichkeit schätzt und Empathie und Mut besitzt. Oder dass seine Erziehung ihm wichtige Fähigkeiten vermittelt, Selbstvertrauen schenkt und Wahlmöglichkeiten für einen späteren Beruf bietet. Oder Ihnen ist am wichtigsten, dass es zu Glück fähig ist. Sie wünschen sich vielleicht auch, dass es sich als Erwachsener verantwortungsvoll und respektvoll gegenüber anderen und dem Planeten verhält. Und Sie hoffen vielleicht, dass es das Selbstvertrauen hat, offen seine Meinung zu sagen.

Jeder von Ihnen schreibt seine Gedanken auf. Lassen Sie sich Zeit, alles Wichtige zu sammeln, bevor Sie sich, vielleicht einen Tag später, austauschen. Sprechen Sie darüber, wo Ihre Hoffnungen sich ähneln und wo nicht, und überlegen Sie, wie Sie als Eltern Ihre Ziele umsetzen können, während Ihr Kind sich vom Kleinkind zum jungen Erwachsenen entwickelt.

Blick zurück

Wenn Sie über Ihre Hoffnungen sprechen, reden Sie auch über Ihre Vorstellung von Erziehung, z. B., wie Sie über Disziplin denken. Blicken Sie zurück und erzählen Sie, wie sich Ihre Eltern in kritischen Situationen verhielten, ob sie etwa in der Öffentlichkeit die Nerven verloren oder was sie taten, wenn Sie sich mit Ihren Geschwistern stritten. Gibt es Aspekte der Erziehung, die Sie anders handhaben möchten? Tauschen Sie sich darüber aus, wie Sie beide Ihr Familienleben erfahren haben, und führen Sie dieses Gespräch erneut, wenn Ihr Kind älter ist. Fragen Sie einander, wie Sie schwierige Situationen handhaben möchten.

Auch wenn Sie und Ihr Partner mit ähnlichen Werten und Zielen aufgewachsen sind, können sich Ihre Erziehungsansätze unterscheiden. Ist in diesem Fall ein Kompromiss möglich? Gibt es Kinder aus einer früheren Beziehung, sollte der neue Partner über deren Erziehung ins Bild gesetzt werden. Bemühen Sie sich gemeinsam, Ihren Kindern möglichst viel Beständigkeit, Routine und Liebe zu geben. Solch ein Brainstorming kann für Sie beide und andere Familienmitglieder, die sich um Ihr Kind kümmern, eine gemeinsame Basis schaffen.

DIE PARTNERBEZIEHUNG PFLEGEN

Die Partnerbeziehung zu pflegen, während man die Freuden und Herausforderungen des Elternseins erlebt, erfordert Geduld, Verständnis, Kommunikation und Engagement. Es ist zwar leicht, Unzulänglichkeiten beim Partner zu sehen, konstruktiver ist es aber, durch das eigene Verhalten eine starke Beziehung und damit ein harmonisches Familienleben zu gestalten.

Zuhören, verstehen, übereinstimmen

Dem anderen aufmerksam zuzuhören ist entscheidend, um Einvernehmen zu finden und eine Beziehung intakt zu halten. In einem Gespräch ist es äußerst wichtig, dass beide spüren, dass die andere Person präsent und engagiert ist.

Manchmal wünscht sich unser Partner vielleicht einfach nur, zu reden und angehört zu werden. Er fragt uns nicht danach, dass wir ihm helfen, ein Problem zu lösen oder seine Gefühle loszuwerden. Vielmehr sucht er eine sichere Umgebung, um Frustration, Ängste oder andere Gefühle auszudrücken.

Wenn Ihr Partner aufgebracht ist oder über etwas sprechen möchte, das ihm auf dem Herzen liegt, widmen Sie ihm Ihre volle Aufmerksamkeit und stellen Sie Ihre aktuelle Beschäftigung hintan.

Verbringt man ausdrücklich mit dem Partner Zeit, stärkt man die Beziehung und lebt seinen Kindern eine liebevolle Bindung vor.

Hören Sie aufmerksam zu und lassen Sie Ihren Partner spüren, dass Sie sich bemühen, ihn zu verstehen. Fragen Sie nach, um wirklich zu begreifen, was er sagt, z. B. mit: »Verstehe ich richtig, dass ...« Lassen Sie Ihren Partner Missverständnisse aufklären. Aktiv zuzuhören kann Ihnen den Weg bereiten, Ideen zu sammeln, Prioritäten zu setzen und Lösungen zu finden, die sich auf die Erziehung, die ganze Familie und Ihre Beziehung anwenden lassen.

Schwierigkeiten eingestehen

Es ist wichtig, sich gegenseitig einzugestehen, dass die Kindererziehung eine arbeitsintensive Zeit in Ihrer Beziehung mit vielen Herausforderungen ist. Trotzdem sollten Sie es vermeiden, Ihre Beziehung auf Eis zu legen, während Ihre Kinder heranwachsen, im Glauben, sie einmal dort fortsetzen zu können, wo Sie aufgehört haben. Wenn Sie sich nur auf die Kinder konzentrieren, ohne auf Ihre Beziehung als Erwachsene zu achten, kann es sein, dass Sie keine Gemeinsamkeiten mehr finden, wenn Ihre Kinder das Haus verlassen.

Nehmen sich Erwachsene Zeit füreinander, hält das nicht nur ihre Beziehung intakt, sondern sie leben ihren Kindern auch gegenseitige Wertschätzung vor. Gemeinsam neue Dinge auszuprobieren, ob ein Töpferkurs, Yoga, Wandern oder Tischlern, kann eine ausgezeichnete Möglichkeit sein, dem Alltagstrott die Stirn zu bieten.

Eigene Bedürfnisse visualisieren

Damit Sie beide genug Energie und Ruhe für Ihre Aufgabe als Eltern haben, nehmen Sie sich Zeit, Körper, Geist und Seele zu erfrischen. Eine einfache Visualisierung kann Ihnen helfen, Ihre Bedürfnisse zu erkennen, sodass Sie Kraft für sich und Ihre Familie schöpfen können.

Stellen Sie sich ein Glas vor, das mit Ihrer besten Energie, mit Geduld, Empathie und Gelassenheit gefüllt ist. Nun stellen Sie sich zwei oder drei leere Tassen und Ihre durstige Familie vor. Täglich füllen Sie deren Tassen, sodass Ihr Glas am Abend leer ist. Sie sind müde und benötigen Erholung, um Ihr elterliches Glas wieder aufzufüllen. Überlegen Sie, wie Sie sie täglich bekommen, ob durch Lesen, Joggen, Tanzen, Singen, auf dem Sofa träumen oder ein langes Bad. Finden Sie heraus, was für Sie funktioniert, und bauen Sie es in Ihren Tagesablauf ein.

Sich selbst nicht vergessen

Als Eltern haben Sie die Aufgabe, sich um alle Ihre Familienmitglieder zu kümmern und sie zu unterstützen. Manchmal sind wir jedoch so mit anderen beschäftigt, dass wir es versäumen, für uns selbst zu sorgen. Die Visualisierungsübung oben kann Ihnen helfen, Bilanz zu ziehen und etwas über Ihre eigenen Bedürfnisse herauszufinden.

EIGENE DENKMUSTER INFRAGE STELLEN

Als Eltern fragen wir uns oft, ob wir unsere Sache gut machen. Besonders beim ersten Kind spüren wir oft Zweifel. Das eigene Denken und Verhalten zu hinterfragen bietet eine großartige Chance, die Entwicklung und das Lernen unseres Kindes zu fördern.

Öffnen Sie Ihren Geist

Unsere wahre Vorbereitung auf die Elternschaft ist das Studium unserer selbst. Um unseren Kindern gute Eltern zu sein, müssen wir weit mehr tun, als pädagogische Strategien zu erlernen, selbst wenn diese sich bewiesen haben und seit Jahren erfolgreich angewendet werden. Darüber hinaus müssen wir uns bewusst machen, wie wir unsere Kinder und unseren Erziehungspartner oder andere Betreuungspersonen sehen – und wie wir mit ihnen umgehen.

Für die eigene Elternschaft ist es wichtig, dass wir uns fragen, ob wir bereit sind, die Botschaften, die wir von den eigenen Eltern erhalten haben, zu hinterfragen. Vielleicht möchten Sie anders erziehen als Ihre Eltern, nicht unbedingt als Kritik, sondern weil Sie einige ihrer Methoden verbessern möchten. Vielleicht ertappen Sie sich trotzdem manchmal dabei, dass Sie klingen wie Ihre Eltern, und erkennen, dass Sie darauf programmiert sind, die Denkweise und Erziehungsmethoden zu wiederholen, die Sie als Kind erlebt haben.

Denkmuster ändern

Es ist gut zu wissen, dass Sie Ihr Denkmuster ändern können, wenn Sie es als nicht richtig empfinden, wie Sie auf das Verhalten Ihres Kindes reagieren.

Fragen Sie sich zunächst, in welcher Weise Sie über Ihr Kind sowie Ihre Reaktionen auf sein Verhalten denken. Manche Ihrer Denkmuster sind vielleicht extrem positiv und wirkungsvoll, geprägt von Kindheitserinnerungen aus einer

Denkmuster identifizieren

Hier sind nur einige Beispiele für bewusste und unbewusste Denkmuster, die wir aus unserer Kindheit übernommen haben können. Diese selbst und/oder mit dem Erziehungspartner zu betrachten, ermöglicht, sie zu hinterfragen.

- Kinder sollen leise spielen und Erwachsene nicht stören.
- Ich möchte der beste Freund meines Kindes sein.
- Jungen sind besser in Mathe und Naturwissenschaften als Mädchen.
- Ich sollte meinem Kind etwas nur einmal sagen müssen.
- Ich muss Fehler meines Kindes immer korrigieren.
- Ich darf mein Kind nie spüren lassen, dass es etwas nicht geschafft hat.

Unsere eigene Kindheit und die Beziehung zu unseren Eltern formt und beeinflusst unser Verhalten als Eltern im Hier und Jetzt.

Zeit, in der Ihre Eltern Sie mit Liebe, Freundlichkeit und Konsequenz erfolgreich erzogen haben. Andere Denkmuster können von weniger positiven Kindheitserfahrungen geprägt sein, Sie zu negativem Verhalten bewegen, das mit Ihrem Ziel eines harmonischen und friedlichen Zuhauses kollidiert.

Denkmuster, bewusste und unbewusste, prägen, wie Sie sich fühlen und mit anderen interagieren. Bewusste Denkmuster lassen sich am einfachsten ändern. Um unbewusste Denkmuster zu verändern, müssen Sie erkennen, welches Denken Ihre emotionalen und instinktiven Reaktionen auf Ihr Kind beeinflusst. Sobald Sie sich dieser unbewussten Denk- und Reaktionsweisen Ihrem Kind und anderen gegenüber bewusst sind, können Sie Ihre Erziehungspraktiken überdenken und ändern.

Zum Beispiel könnten Sie unbewusst denken, dass Mädchen leichter zu handhaben sind als Jungen oder umgekehrt. Gewöhnliche Probleme in der Erziehung scheinen diese Annahme zu bestätigen, sodass Sie die Erziehung Ihres Kindes als große Herausforderung empfinden. Ihr Glaube, Mädchen und Jungen seien verschieden, beeinflusst Ihren Umgang mit Ihrem Kind und Ihre Beziehung, weil Ihr Kind Ihre Frustration und Ihre Ansicht, es sei schwierig, spürt. Erkennen Sie eine solche Voreingenommenheit, können Sie Ihre innere Haltung korrigieren und Ihre Beziehung harmonischer gestalten.

DIE WELT MIT DEN AUGEN DES KINDES SEHEN

Grundlegend für ein ruhiges, friedliches Zuhause ist, dass wir die Welt aus der Perspektive des Kindes sehen lernen. Maria Montessori fordert uns auf, »dem Kind zu folgen«. Dazu müssen wir ein Gefühl dafür entwickeln, wie Kinder denken, fühlen und reagieren.

Die kindliche Perspektive

Wenn ein weniger als einen Meter großes Kind zu einem Erwachsenen aufblickt, wirkt dieser aus seiner Perspektive wie ein Riese und erscheint ihm aufgrund seiner Größe und Stärke allmächtig. Das kann ein kleines Kind überwältigen, sodass es sich machtlos und unbedeutend fühlt.

Eine einfache Übung kann Ihnen helfen, die Welt buchstäblich aus der Sicht Ihres Kleinkinds zu sehen. Wenn Ihr Kind schläft, legen Sie sich auf den Boden und betrachten oder filmen Ihr Zuhause mit dem Handy auf Augenhöhe Ihres Kindes. Sicher wird Ihnen die dramatisch andere Perspektive ins Auge fallen.

“ ”

Wird Ihnen bewusst, wie Ihr Kind die Erwachsenen und die Welt um sich herum wahrnimmt, können Sie es besser verstehen und auf seine Bedürfnisse eingehen.

Als Eltern sind Sie nicht nur größer und stärker als Ihr kleines Kind, Sie sind auch die Person, die seine Bedürfnisse erfüllt, die »ja« oder »nein« sagt, ihm Aufmerksamkeit schenkt oder es ignoriert. Wenn wir unsere Kinder mal nicht verstehen, müssen sie durch Versuch und Irrtum ausprobieren, wie sie unsere Aufmerksamkeit gewinnen und uns ihre Wünsche kommunizieren können. Sehen Sie die Welt aus der Sicht Ihres Kindes, verstehen Sie besser, wie es denkt und fühlt und können besser auf es eingehen.

Ihr heranwachsendes Kind

Mit dem Heranwachsen Ihres Kindes entwickeln sich seine Denk- und Kommunikationsfähigkeiten. Natürlich ist jedes Kind einzigartig. Unabhängig vom Alter akzeptieren manche die Führung durch ihre Eltern problemlos, während andere alles, was ihre Eltern sagen oder tun, infrage stellen. Ihre Aufgabe als Eltern ist es, Ihrem Kind zuzuhören, sich zu bemühen, es zu verstehen und ihm zu helfen, Selbstvertrauen und seine eigene Identität zu entwickeln.

Versetzt man sich in sein Kleinkind hinein, versteht man seine Perspektive besser.

- **Bevor Ihr Kind sprechen kann,** weint, lächelt oder gurrt es, um auf sich aufmerksam zu machen. Es weiß noch nicht einmal, dass es ein von seiner primären Bezugsperson getrenntes Wesen ist.
- **Ab dem Kleinkindalter** lernen Kinder Wörter und kommunizieren ihre Bedürfnisse auch mit Tränen, unwiderstehlichem Lächeln, Wutanfällen und Schmollen. Ihr Kleinkind lernt langsam, seine Bedürfnisse und die anderer zu erkennen und mit Worten zu kommunizieren. Es wird durch neue Fähigkeiten eigenständiger und erkennt allmählich, dass es seinen eigenen Willen äußern, respektvoll kommunizieren und Dinge allein tun kann.
- **In den Grundschuljahren** verbessern sich die Kommunikationsfähigkeiten der Kinder. Sie interessieren sich zunehmend für Gleichaltrige und deren Beziehungen, für Regeln und Fairness und wollen eigene Regeln aufstellen und ausprobieren. Sie fühlen sich zunehmend unabhängiger und eigenständiger. Wir Eltern trauen ihnen zu, bessere Entscheidungen zu treffen und bestimmte Situationen allein oder mit etwas Hilfe zu bewältigen.
- **Die Adoleszenz** liegt zwischen der Kindheit und dem Erwachsensein. In einem Moment handeln oder fühlen sich Teenager wie Kinder, im nächsten wie Erwachsene. Ihr Körper wächst und verändert sich über Nacht. Teenager suchen ihren Platz in der Welt und wollen etwas bewirken. Sie interessieren sich für Sexualität, ihre eigene und die anderer, und probieren vieles aus, um ihre Werte und Überzeugungen zu entdecken, die mit denen ihrer Eltern übereinstimmen können oder nicht.

EINE EMOTIONAL GEBORGENE UMGEBUNG

So wie wir die physische Umgebung unseres von Montessori inspirierten Zuhauses für die Familie gestalten, sollten wir auch die emotionale Umgebung bewusst gestalten, um jedem einzelnen Familienmitglied emotionale Geborgenheit geben zu können.

Respektieren Sie Ihr Kind

Es ist wichtig, dass wir unsere Kinder als eigenständige Wesen sehen, die Wärme und Respekt benötigen. Unsere Kinder reagieren viel empfindlicher auf unsere Einflussnahme, als uns vielleicht bewusst ist, deshalb sollten wir achtgeben, was wir in ihrer Gegenwart tun oder sagen. Wenn Sie die besten Seiten Ihres Kindes ansprechen, es ins Familienleben einbeziehen und seine Gefühle und Interessen respektieren, ist es wahrscheinlich, dass es auch offener für Ihre Erwartungen ist. Mit folgenden Strategien bieten Sie ihm ein sicheres emotionales Umfeld:

- **Bieten Sie Verlässlichkeit und Routinen.** Erstellen Sie Tages- und Wochenpläne, die vorhersehbar, aber nicht starr sind. Routinen im Familienleben geben Kindern Geborgenheit.

Sprechen Sie ruhig und streiten Sie nicht mit Ihrem Kind, wenn es verspätet nach Hause kommt. So wird es sein Verhalten eher überdenken und in Zukunft vermeiden, sich erneut zu verspäten.

Auch indem Sie in Ihren Reaktionen konsequent sind und in Alltagssituationen ruhig bleiben, geben Sie Ihrem Kind Sicherheit und zeigen, dass Ihre Liebe nicht von seinem Verhalten abhängt – Sie akzeptieren und lieben es auch, wenn Sie nicht mit seinem Verhalten einverstanden sind.

- **Formulieren Sie Erwartungen und Grenzen positiv.** Wenn Kinder wissen, was erwartet wird, können sie sich innerhalb dieser Grenzen verhalten. Vermitteln Sie daher, was Sie erwarten, nicht, was Sie nicht möchten. Wenn Ihr Kind z. B. zu Hause sehr laut spricht, könnten Sie sagen: »Bitte benutze deine innere Stimme«, anstatt: »Schrei nicht so laut.« Negativ formulierte Erwartungen werden leicht als Befehl verstanden, rufen Ablehnung hervor und bewirken das Gegenteil, weil Ihr Kind Autonomie demonstrieren möchte.
- **Lassen Sie Fehler zu.** Montessoris Rat lautet, Kindern zu helfen, Dinge selbst tun zu lernen. Kinder machen Fehler und lernen daraus. Sie können vergessen, die Pflanzen zu gießen oder mit dem Hund spazieren zu gehen, ältere Kinder machen ihre Hausaufgaben nicht rechtzeitig, bleiben bis spätnachts auf oder kommen nicht zur vereinbarten Zeit nach Hause. Fehler sollen für Kinder wertvolle Lektionen sein statt Anlass zu Schelte zu geben. Das Wort »Disziplin« bedeutet, zu lehren und zu lernen (siehe S. 40). Mit dem Erwerb von Alltagsfertigkeiten lernen Kinder, wie ihre Worte und ihr Tun auf andere wirken. Wenn wir Kinder davor bewahren, einen für uns offensichtlichen Fehler zu machen, behindern wir ihr eigenständiges Lernen, und wenn wir mit schnellen Lösungen beispringen, können sie leicht überfordert sein.
- **Vereinbaren Sie »ruhige Orte« zum Nachdenken** (siehe S. 156–159). In einer Montessori-Familie gibt es für jeden einen Rückzugsort, den er aufsucht, wenn er verärgert ist. Er ist das Gegenteil eines »Time out«-Raums, der zum Einsatz kommt, wenn Eltern hilflos sind. »Time out« wird in der Regel als Strafe empfunden und vermittelt in Form von Ausschluss, dass Kinder schlecht sind. Das funktioniert nur, solange die Kinder diese Erfahrung so negativ empfinden, dass sie ihr Verhalten ändern. An einem ruhigen Ort dagegen kann man zu sich kommen, selber sein Verhalten überdenken, Verantwortung übernehmen und wieder zur Familie stoßen.

MIT DEM KIND SPRECHEN

Kinder werden auch Dinge hören und sehen, die sie nicht verstehen, und wollen dann mehr darüber erfahren. Während Sie manche Fragen sicher gern beantworten, kann es andere Themen geben, über die zu sprechen Ihnen möglicherweise schwerfällt.

Themen diskutieren

Themen, die schwerfallen könnten, sind zum Beispiel:

- Fragen zu Zeitgeschehen und Politik
- Antirassismus und soziale Gerechtigkeit
- Religion und moralische Zwickmühlen
- Sexualität und Geschlechtsidentität
- Trennung und Scheidung
- Krankheit und Tod

Folgende Leitlinien können Ihnen bei schwierigen Gesprächen helfen.

- **Erklären Sie Ihren Kindern nur so viel, wie sie verarbeiten können.** Die Länge und Gründlichkeit Ihrer Ausführungen richtet sich nach Alter und Reifegrad des Kindes. Wenn Ihr Dreijähriger zum Beispiel fragt, woher die Babys kommen, genügt eine kurze, sachliche Antwort. Kleine Kinder brauchen die Details von der Zeugung bis zur Geburt nicht zu kennen, Ihr pubertierender Teenager hingegen schon. Dasselbe gilt für alle »heiklen« Fragen.
- **Seien Sie ehrlich** in Bezug auf Ihre Gefühle. Wenn Sie sich bei einem Thema unwohl fühlen, bringen Sie dies, entsprechend dem Alter und Reifegrad des Kindes, zum Ausdruck. Kinder jeden Alters nehmen Gefühle und Körpersprache wahr, nicht nur Worte, und spüren unaufrichtige Gefühle.
- **Trennung und Scheidung** können schwierige Themen sein. Kinder können sich schuld daran fühlen. Sie müssen wissen, dass sie nicht verantwortlich sind und dass beide Elternteile sie lieben, egal, was passiert. Der schwierigste Teil dieses Gesprächs ist, den Grund für die Trennung zu erklären und dabei das Wohl des Kindes im Auge zu behalten, z. B. indem man nicht dem Co-Elternteil die Schuld gibt.
- **Familien haben unterschiedliche Ansichten.** Sprechen Sie mit Ihrem Kind darüber, dass Familien sehr verschieden über Politik, Glauben, ethische und moralische Fragen und Familienkultur denken können. Stellen Sie die Grundwerte Ihrer Familie klar, aber auch, dass die Ansichten anderer Familien zu respektieren sind. Montessori-Familien teilen oft viele Werte und Überzeugungen, aber es gibt viele weitere Sichtweisen und Traditionen.

- **Lassen Sie sich bei Ihren Antworten** von den Grundwerten und Überzeugungen Ihrer Familie leiten. Wenn Sie diese zu Beginn Ihrer Beziehung mit Ihrem Erziehungspartner besprochen haben, können sie Ihnen bei der Beantwortung der Fragen Ihres Kindes helfen. Wenn Sie sich Ihrer Werte und Überzeugungen sicher und mit Ihrem Erziehungspartner einig sind, gibt das auch Ihrem Kind Sicherheit.
- **Kinder vermeiden manche Themen lieber.** Vielleicht sind Sie der Meinung, dass Sie ein bestimmtes Thema oder eine Situation besprechen sollten, wissen aber, dass das für Ihr Kind peinlich, unangenehm oder beunruhigend ist oder einer von Ihnen oder Sie beide das Gespräch lieber vermeiden würden. Lassen Sie Ihr Kind zunächst wissen, dass Sie mit ihm reden möchten, und fragen Sie, ob es jetzt dazu bereit ist. Wenn es zu aufgebracht ist, geben Sie ihm Zeit, sich zu beruhigen, da es sich sonst vielleicht nicht richtig artikulieren oder Ihnen nicht zuhören kann. Stellen Sie aber klar, dass Sie schwierige Gespräche nicht vermeiden können. Sagen Sie z. B.: »Wir müssen etwas besprechen, aber ich sehe, dass du gerade zu aufgebracht bist. Lass uns ein wenig später reden, wenn du dazu bereit bist.«

Ein angenehmer, informeller Ort kann die Bereitschaft Ihres Kindes, über ein schwieriges Thema zu sprechen, positiv beeinflussen.

EIN ZUHAUSE FÜR ALLE

In einem Montessori-Zuhause gestalten die Eltern die häusliche Umgebung so, dass sich alle Familienmitglieder berücksichtigt fühlen. Mit einfachen Maßnahmen wird Ihr Zuhause zu einem behaglichen, einladenden Ort für Sie und Ihre ganze Familie.

Ein einladendes Heim

Die Gestaltung unseres Zuhauses kann das Miteinander, die Ruhe und Routinen fördern und einen Ort schaffen, an dem sich jedes Familienmitglied wohlfühlt. Es spielt keine Rolle, ob Ihr Zuhause groß oder klein ist, und erfordert nicht viel Investition. Für Montessori zählen Schönheit, Ordnung und Behaglichkeit.

- **Schaffen Sie Schönheit.** Im Idealfall vermittelt Ihr Zuhause jedem Familienmitglied, dass dies ein Ort ist, der ihm wichtig ist und an dem er sich wohlfühlt. Wenn Sie zur Tür hereinkommen und einen Raum betreten, der sauber, ordentlich, einladend und schön ist, spürt jeder in der Familie, dass er sein Zuhause in Ordnung halten möchte und es ein Ort für jeden einzelnen von ihnen ist.
- **Schaffen Sie Ordnung** in Ihrem Zuhause und sorgen dafür, dass alles seinen Platz hat. Neben Schränken und Kommoden in den Schlafzimmern für die Kleidung und Regalen für Bücher sollten Sie auch Aufbewahrungsmöglichkeiten für Bastelmaterial und Kinderspielzeug, Bereiche für Aktivitäten, Lesen und Lernen sowie für die Zubereitung von Speisen und zum Essen planen.

Ein ordentliches Zuhause, wo Kleidung und Dinge des täglichen Gebrauchs für alle gut zugänglich sind, hilft Harmonie und Ausgeglichenheit zu fördern.

Unordnung stört die Konzentration. Viele Familien sammeln eine Menge »Zeug« für ihre Kinder an. Doch wenn alles gleichzeitig da ist, können Kinder Mühe haben, sich auf eine Sache zu konzentrieren. Statt Spielsachen in einer Kiste oder in Behältern zu sammeln, stellen Sie Spielzeug, Spiele und Bastelsachen in ein Regal und tauschen sie aus, wenn sich die Interessen Ihres Kindes ändern.

- **Schaffen Sie Behaglichkeit** und ein Zuhause, in dem sich alle wohlfühlen. Wenn Sie ein Baby haben, richten Sie sich mit Bedacht ein und überlegen Sie, ob Sie wertbeständige Sachen wenig dauerhaften Dinge vorziehen und kinderfreundliches Mobiliar anschaffen möchten. Überlegen Sie, wie Sie sich so einrichten, dass Ihr Zuhause für Sie als Erwachsene schön ist, Sie aber auch andere gern einladen, ohne befürchten zu müssen, dass ein Kind mal etwas verschüttet oder kaputt macht. Ein Zuhause, das praktisch und behaglich zugleich ist, vermeidet Streit wegen Schmutz, verschüttetem Saft oder Flecken auf Möbeln. Sie wollen Ihrem Kind gewisse Grundregeln beibringen, aber auch realistisch sein und in erster Linie Ihr Kind erziehen und sein Lernen fördern, nicht eine perfekte Einrichtung haben.

Wie Räume mitwachsen

Mit dem Heranwachsen Ihrer Kinder wird sich Ihr Zuhause in dem Maße verändern, wie sie selbstständiger und größer werden und verschiedene Interessen und Bedürfnisse entwickeln.

Vielleicht haben Sie z. B. das Kinderzimmer Ihres Kleinkinds so eingerichtet, dass es seine Kleidung gut erreichen konnte. Wenn Ihr Kind größer ist, möchte es vielleicht bei der Einrichtung seines Zimmers mitreden und wird auch einen Bereich zum Lesen, Schreiben und Arbeiten am Computer brauchen.

Für die ganze Familie planen

Berücksichtigen Sie bei der Planung Ihres Zuhauses alle Familienmitglieder, indem Sie die Räume so gestalten, dass Ihr Kind Ihnen zur Hand gehen oder sich in Ihrer Nähe aufhalten kann, während Sie etwas anderes tun. Zum Beispiel kann Ihr kleines Kind an einem kleinen Tisch mit Stuhl im Wohnzimmer oder in der Küche puzzeln, bauen oder malen, während Sie mit eigenen Aufgaben beschäftigt sind. Das zeigt Ihrem Kind, dass seine Anwesenheit willkommen ist. Es fühlt sich voll in das Familienleben integriert, ob es nun mit anderen Familienmitgliedern etwas zusammen macht oder sich in seinem eigenen Bereich selbst beschäftigt, während die anderen ihre Dinge erledigen.

SCHLECHTES BETRAGEN IST KOMMUNIKATION

Wir alle haben emotionale Bedürfnisse. Sind diese erfüllt, zeigen wir uns von unserer besten Seite, bringen Mitgefühl und Empathie auf, sind kooperativ, führen andere wohlwollend und schaffen alles, was wir uns vorgenommen haben.

Emotionale Grundbedürfnisse

Erwachsene und Kinder haben die gleichen emotionalen Grundbedürfnisse. Werden sie erfüllt, können sie harmonisch und produktiv leben. Wir brauchen das Gefühl, geliebt und liebenswert zu sein, eine gewisse Kontrolle über unser Leben zu haben und zugehörig, wertvoll und kompetent zu sein.

“ ”

Kinder zeigen durch ihr Verhalten, dass ihre emotionalen Bedürfnisse unerfüllt sind – sie brauchen Bestätigung, dass sie geliebt und wertgeschätzt werden, eine gewisse Kontrolle haben und dazugehören.

Werden eines oder mehrere dieser Bedürfnisse nicht erfüllt, können wir Dinge persönlich nehmen, launisch oder defensiv werden, Aufmerksamkeit suchen, uns in Machtkämpfe verwickeln, verletzende Dinge sagen und tun oder uns zurückziehen oder verstecken.

Verhalten sich Kinder so, nennen wir das schlechtes Betragen. Oft verstehen sie nicht genau, was sie fühlen oder wie sie erreichen können, dass ihre Bedürfnisse befriedigt werden. Einzig durch ihr Verhalten können sie uns mitteilen, dass etwas nicht stimmt. Sie benehmen sich nicht falsch, sondern kommunizieren unbewusst ihren Wunsch nach Bestätigung, dass sie geliebt werden wollen, etwas Kontrolle ausüben können und ein wichtiges und nützliches Familienmitglied sind.

Je besser wir unsere Kinder verstehen und ihre Bedürfnisse stillen, bevor sie sich daneben benehmen, desto eher sind sie kooperativ statt schwierig und freundlich statt gemein oder verletzend; desto eher helfen sie mit und sind eigenständig, statt sich zurückzuziehen; desto eher erlauben sie Ihnen, auch Zeit mit anderen oder allein zu verbringen, statt ständig Aufmerksamkeit zu fordern.

»Beziehungskonten«

Wenn Sie die Beziehung zu Ihrem Kind wie ein Sparkonto betrachten, in das Sie

Wenn Sie Ihr Kind ermutigen und kommentieren, wenn es etwas gut macht, fühlt es sich kompetent, und Sie füllen Ihr »Beziehungskonto« auf.

einzahlen können, um seine emotionalen Bedürfnisse zu befriedigen, können Sie schlechtes Betragen vermeiden und Harmonie in der Familie kultivieren. Mit dem, was Sie tun und sagen, »zahlen Sie ein« oder »heben ab«. Wenn Sie auf das Verhalten Ihres Kindes reagieren, indem Sie es bestrafen, anschreien, beschämen, mit Geschwistern vergleichen, ignorieren, beschimpfen, bedrohen oder entmachten, indem Sie seine Aufgaben erledigen, schaden Sie Ihrer Beziehung. Folgendermaßen können Sie die Beziehung zu Ihrem Kind aufbauen und seine emotionalen Bedürfnisse erfüllen:

- **Seien Sie emotional präsent,** hören Sie aktiv zu und schenken Sie ihm Ihre volle Aufmerksamkeit.
- **Ermutigen Sie Ihr Kind.**
- **Sehen Sie,** was es richtig macht.
- **Seien Sie konsequent.**
- **Treffen Sie Abmachungen,** sprechen Sie darüber, wie man Probleme löst.

Überlegen Sie, wie oft am Tag Sie Ihr Kind »herunterziehen« statt »aufzubauen«. Ein Tagebuch hilft Ihnen nachzuvollziehen, ob Sie mehr in den »Aufbau« als in den »Abbau« investieren. Beobachten Sie, wie sich der »Aufbau« auf das Verhalten Ihres Kindes auswirkt.

Die Idee des Beziehungskontos gilt für alle Beziehungen innerhalb der Familie. Sie kann auch helfen, in der Beziehung zum Partner aufmerksam zu sein.

DISZIPLIN NEU DENKEN

Bei Disziplin denken wir oft an Bestrafen und Belohnen, um das Verhalten eines Kindes zu kontrollieren. Doch ursprünglich bedeutet das Wort »lernen« oder »lehren«. Begreifen wir Disziplin als Lehrinstrument, unterstützen wir unsere Kinder in Eigenständigkeit.

Montessori setzt nicht auf ein System von Belohnen und Bestrafen, um Kindern gewünschtes Verhalten beizubringen, sondern will Kinder dabei unterstützen, Unabhängigkeit, innere Disziplin und intrinsische Motivation zu entwickeln, damit sie es für sich selbst tun.

Warum Methoden scheitern

Warum also vermeidet Montessori den oft favorisierten Ansatz von Lernen durch Belohnung und Bestrafung? Belohnungen motivieren bzw. konditionieren Menschen zu erwünschtem Verhalten, angedrohte Strafen sollen motivieren, unerwünschtes Verhalten zu verringern. Beides funktioniert jedoch nur unter Kontrolle, wenn Kinder glauben, dass sie beobachtet oder erwischt werden, und wenn ihnen die versprochene Belohnung bzw. die angedrohte Strafe wichtig genug ist, um ihr Verhalten zu ändern.

Montessori hat das Ziel, dass Kinder die Werte und Verhaltensnormen ihrer Familie verinnerlichen und mit der Zeit immer mehr, unabhängig von Familienmitgliedern, ihre Reaktionen eigenständig entscheiden können.

Intrinsische Motivation fördern

Intrinsische Motivation – eine innere Stimme, die uns sagt, wer wir sind und

Wenn Kinder die Hausregeln respektieren und befolgen, erwerben sie intrinsische Motivation, weil sie verstehen, wie wichtig es ist, sich um das Zuhause und die zugehörigen Lebewesen zu kümmern.

wie wir uns verhalten sollen – ist ein dauerhaftes Mittel zum Erwerb und zur Umsetzung von Verhaltensweisen, die ruhige und positive Beziehungen ermöglichen.

Alle Kinder sind manchmal ungezogen. Es ist unvermeidlich, dass sie anstrengend sind oder Grenzen austesten, wenn sie sich unserer Erwartungen noch nicht sicher sind. Wir müssen jedoch nicht ständig Kämpfe austragen oder hinnehmen, dass ihre Worte oder Taten oft aggressiv oder verletzend sind.

Als Eltern können wir Kindern proaktiv Werte und gutes Verhalten beibringen, indem wir diese selbst vorleben. Die emotionalen Bedürfnisse des Kindes zu verstehen und zu befriedigen (siehe S. 38) kann ebenfalls Fehlverhalten minimieren. Gelingt uns dies, verhält sich das Kind eher kooperativ und selbstständig bei seinen täglichen Routinen. Nützliche Strategien finden Sie auf S. 168–171.

Sind wir darüber hinaus gegenüber unseren Kindern freundlich und bestimmt, damit sie Fähigkeiten erwerben und verstehen, welches Verhalten wir von ihnen erwarten, verbessert das die Harmonie in der Familie, auch in schwierigen Situationen.

»Hausregeln« festlegen

Kinder benötigen auch Regeln, wie und was sie zu Hause zu tun haben, um sich im Familienalltag zurechtzufinden. Wenn Hausregeln klare Erwartungen setzen, entwickeln Kinder ein Gespür für Sicherheit, Geborgenheit und Ordnung.

Hausregeln sind Alltagsregeln, die jedes Familienmitglied befolgen sollte. Sie bilden auch den Rahmen, was verhandelbar ist und was nicht. Alles, was Gefahr, Schaden oder Zerstörung zur Folge haben kann, ist indiskutabel. Jenseits davon kann alles besprochen werden. Es kann Dinge geben, die Erwachsene dürfen, Kinder aber nicht, und die nicht Gegenstand der Hausregeln sind. Vermeiden Sie aber zweierlei Maß, das Kinder zu Recht als unfair empfinden und sie frustrieren kann.

Hausregeln festlegen

Je älter Ihr Kind ist, desto detaillierter können die Hausregeln sein. Übergreifende Hausregeln könnten etwa sein:

1. In unserem Zuhause kümmern wir uns um alle Lebewesen – Pflanzen, Tiere und Menschen.
2. Wir gehen mit den Dingen in unserem Haus pfleglich um.

Besprechen Sie miteinander, was es bedeutet, sich um Lebewesen zu kümmern und mit Dingen pfleglich umzugehen. Ihr Kind könnte z. B. fragen, warum es nicht auf dem Tisch sitzen darf. Sie könnten dann erklären, dass das gefährlich sein kann, Schaden verursachen kann und die Ordnung stört. Die Regel ist daher unverhandelbar und muss konsequent befolgt werden.

AUF DAS KIND EINGEHEN STATT REAGIEREN

In der Kindererziehung sind unerfreuliche, schwierige oder schmerzliche Situationen unvermeidlich. Für die Beziehung zwischen Ihnen und Ihrem Kind ist entscheidend, wie Sie in kritischen Situationen miteinander umgehen – ob Sie impulsiv reagieren oder auf Ihr Kind eingehen.

Ein kritischer Moment

Auf welche Weise Sie in schwierigen Situationen auf Ihr Kind reagieren, kann sich stark auf Ihre wechselseitige Beziehung und Ihre Fähigkeit auswirken, die Unabhängigkeit, das Verantwortungsbewusstsein und das Heranwachsen Ihres Kindes zu fördern. Sie befolgen mehrere zentrale Montessori-Prinzipien, wenn Sie in einer schwierigen Situation mit Bedacht reagieren statt impulsiv. Mit einer überlegten Reaktion helfen Sie Ihrem Kind, Eigenständigkeit zu entwickeln, leben gute Manieren in Ihrer Familie – Anmut und Höflichkeit – vor, praktizieren Respekt und vermitteln persönliche Verantwortung. Dem Holocaust-Überlebenden, Psychologen und Autor Victor Frankl wird das Zitat zuge-

“ ”

Reagieren Sie in schwierigen Situationen mit Ihrem Kind überlegt, kann Ihnen das helfen, stressigere Momente auf positive Weise aufzulösen.

Konstruktiv gemeinsam mit dem Kind ein Missgeschick zu beseitigen bietet eine wertvolle Gelegenheit zum Lernen.

schrieben: »*Zwischen Reiz und Reaktion gibt es einen Raum. In diesem Raum haben wir die Macht, unsere Reaktion zu wählen. In unserer Reaktion liegen unser Wachstum und unsere Freiheit.*«

Das Konzept eines »Raums« ermöglicht uns, über unsere elterliche Antwort nachzudenken, indem wir einen Raum zwischen dem Moment, in dem etwas mit Ihrem Kind vorfällt, und dem Moment unserer Antwort visualisieren. Dieser Raum ist ein wichtiger Augenblick, in dem Sie sicherstellen können, dass Sie überlegt handeln und nicht impulsiv auf Autopilot reagieren. Oft verschlimmern wir eine Situation durch unsere Reaktion und untergraben die Werte, die wir eigentlich stärken wollen.

Pausieren und Nachdenken

Situationen, die uns aus der Fassung bringen, entstehen schnell zwischen Eltern und Kind und lassen oft kaum Zeit für eine überlegte Reaktion. Vielleicht gab es schon Momente, in denen Sie etwas zu Ihrem Kind gesagt oder etwas getan und fast im selben Moment realisiert haben, dass es den Montessori-Prinzipien – wenn Sie sie bereits befolgten – sowie Ihren Familienwerten widersprach. Selbst wenn Sie Bedauern empfanden oder äußerten, kann Ihr Kind aus dieser Situation Beschämung, Schuldgefühl oder Verletzung mitgenommen haben. Überlegen wir, wie wir unsere Familienwerte festigen können, bevor eine schwierige Situation auftritt, lernen wir, Stresssituationen immer besser in einer für das Kind positiven Weise zu meistern.

Solange keine Notsituation vorliegt, helfen Ihnen einige Sekunden Auszeit, überlegter zu handeln. Wenn Sie die Fassung zu verlieren drohen, atmen Sie mehrmals tief ein und aus, zählen in Gedanken bis drei oder drehen sich einige Sekunden weg, um den Raum zu schaffen, in dem Sie wachsen und Ihre Reaktion frei wählen können.

Ein positives Ergebnis

Ein Szenario zu durchdenken oder eine vergangene Situation Revue passieren zu lassen kann deutlich machen, welchen Unterschied Ihre Reaktion ausmachen kann.

Wenn z. B. ein kleines Kind bei einem Familientreffen sein Getränk verschüttet, könnte ein Elternteil verärgert sagen: »Wie ungeschickt, gib doch acht! Geh beiseite, ich wische auf.« Das Kind fühlt sich beschämt und bloßgestellt.

Alternativ könnte der Elternteil innehalten, dann ruhig reagieren und sagen: »Es tut mir leid, dass das passiert ist. Wir wischen es auf. Wenn du ein Handtuch holst, machen wir gemeinsam sauber.« Diese Reaktion lehrt das Kind Verantwortung sowie eine neue Fähigkeit und demonstriert Anmut und Höflichkeit in Aktion.

KONFLIKTE MINIMIEREN

Streit und Auseinandersetzungen sind im Leben unvermeidlich. Anlässe können sein, dass ein Kind nicht teilen möchte, andere nicht an die Reihe kommen lassen will, im Haushalt nicht mithelfen möchte oder sich Aufmerksamkeit wünscht. Doch Sie können Konflikte auf ein Minimum reduzieren (siehe S. 108–111 für Strategien zur Streitvorbeugung).

Konfliktbereiche identifizieren

Es gibt viele Möglichkeiten, Unstimmigkeiten in der Familie vorzubeugen. Zu den besten gehören wöchentliche Familientreffen (siehe S. 22–23 und S. 64–67), bei denen Sie Situationen besprechen können, die oft zu Streit führen. Themen, bei denen sich die Familienmitglieder nicht einig sind, z. B. Hausarbeit, können hier friedlich gelöst werden.

> Auseinandersetzungen kann man am besten vorbeugen, indem man bei den wöchentlichen Familientreffen potenzielle Konfliktthemen anspricht.

Bezüglich Themen wie der Hausarbeit könnten Sie mit Kindern ab zwei bis drei Jahren (siehe S. 106–107) vereinbaren, dass Sie eine Tabelle mit den Aufgaben erstellen, in die eingetragen wird, welches Familienmitglied welche Arbeit erledigt. Tragen Sie auch Ihre Aufgaben ein, damit Ihr Kind sieht, dass auch Sie Hausarbeit erledigen. Erlauben Sie Ihrem Kind, sich eine oder mehrere Aufgaben auszusuchen. Das gibt ihm ein Gefühl von Verantwortung und Wahlmöglichkeit und reduziert Konflikte. Sie können mit den Aufgaben auch wöchentlich oder monatlich rotieren, damit Ihr Kind seiner Aufgaben nicht überdrüssig wird. So gibt es weniger Klagen und das Interesse bleibt wach.

Auch dafür zu sorgen, dass jedes Familienmitglied die Hausregeln versteht und annimmt, vermeidet Konflikte (siehe S. 41). Die Regeln helfen jedem Einzelnen, sich erwartungsgemäß zu verhalten.

Beispiel geben

Ihr Ziel ist es, Ihrem Kind beizubringen, seine Gefühle zu kontrollieren, anderen zuzuhören, selbst zu sprechen und eine Einigung über weiteres Vorgehen zu erzielen. Erlebt Ihr Kind mit, wie Sie alltägliche Probleme friedlich lösen und andere freundlich, respektvoll und verständnisvoll behandeln, wird es aus Ihrem Beispiel lernen. Kommt es zu einer Meinungsverschiedenheit, muss Ihr Kind lernen, darauf zu reagieren, Differenzen aufzulösen und Kompromisse einzugehen, um einen Weg zu finden, der für beide Konfliktparteien funktioniert.

Konflikte eingrenzen

Oft wissen Eltern nicht, wie sie Geschwistern bei Aufflammen eines Streits helfen können, sich zu beruhigen und den Konflikt friedlich zu lösen. Sie werden entweder Teil davon, was den Konflikt verschlimmert, oder reagieren autoritär und verlangen, dass die Kinder sich beruhigen und den Streit beenden, was den Kindern nicht hilft. Flammt ein Konflikt auf, können folgende Regeln helfen.

- **Ihre Aufgabe** ist, den Lernprozess zu fördern, nicht am Streit teilzunehmen.
- **Lassen Sie übliche Denkschemata** los, wer angefangen hat, wer es besser wissen und wie das Ergebnis aussehen sollte. Beide Kinder sind verantwortlich. Vermeiden Sie ein Urteil und bleiben Sie neutral.
- **Leiten Sie die Kinder an,** selbst eine Lösung zu finden, statt ein Problem für sie zu lösen.

Wird die Aufteilung der Hausarbeit besprochen, sehen die Kinder, dass jeder eine Aufgabe hat und die Rollen verteilt werden.

VOLLKOMMEN PRÄSENT SEIN

Wir alle wünschen uns gelegentlich die volle Zuwendung einer Person, die wir lieben, respektieren oder bewundern – des Partners, einer Freundin, einer Verwandten oder eines Kollegen. Bekommen wir sie nicht, fühlen wir uns entmutigt, enttäuscht, ignoriert, traurig oder unwichtig.

Wie Aufmerksamkeit guttut

Wenn wir uns zu wenig beachtet fühlen, bemühen wir uns eventuell mehr oder verhalten uns sogar unangemessen, um Aufmerksamkeit zu bekommen. Oder wir geben auf oder holen sie uns von anderen. Kinder brauchen wie Erwachsene Anerkennung, Wertschätzung und Liebe. Wenn Ihr Kind ständig Aufmerksamkeit sucht, zeigt das, dass es ein größeres emotionales Bedürfnis hat, das nicht erfüllt wird. Schenken Sie Ihrem Kind nur kurz Ihre 100-prozentige Aufmerksamkeit, kann es dadurch einen Motivationsschub erhalten und sich selbstständig weiterbeschäftigen oder eine Aufgabe anpacken. Kinder und Erwachsene sind autonomer, wenn ihre emotionalen Bedürfnisse befriedigt sind (siehe S. 38).

Folgendes ist wichtig, damit Sie Ihrem Kind Ihre 100-prozentige Aufmerksamkeit schenken.

- **Seien Sie nicht abgelenkt.** Sie sind nicht voll bei der Sache, wenn Sie gerade etwas anderes tun, z. B. Auto fahren, Essen kochen, SMS schreiben oder auf einen Bildschirm schauen.
- **Ein Moment kann ausreichen.** Schon ein kurzer Moment Ihrer ganzen Aufmerksamkeit zeigt Ihrem Kind, dass es Ihnen am Herzen liegt.
- **Seien Sie voll präsent,** wenn Ihr Kind Sie braucht. Kinder scheinen unsere Zuwendung oft im ungünstigsten Moment zu suchen, etwa wenn alle sich eilends für die Arbeit oder die Schule fertig machen. Betrachten Sie sein Verhalten nicht als lästig, sondern als Chance, seine Bedürfnisse zu erfüllen, damit es ohne Sie weitermachen kann. Wenn Sie anderes kurz zurückstellen und den Wunsch Ihres Kindes nach Aufmerksamkeit erfüllen, sind alle zufriedener und produktiver.

Wenn Ihr Kind Ihre Aufmerksamkeit braucht

Diese Anzeichen deuten darauf hin, dass Ihrem Kind ein Moment Ihrer ungeteilten Aufmerksamkeit guttun könnte:

- Ihr Kind ignoriert eine Aufforderung und verhält sich eher widerspenstig als kooperativ.
- Ihr Kind hat Ihnen eine einfache Frage gestellt.
- Ihr Kind ist besonders anhänglich.

“ ”

Schenken Sie Ihrem Kind nur kurz Ihre volle Zuwendung, erfüllen Sie seine emotionalen Bedürfnisse und fördern seine Selbstständigkeit.

Augenkontakt, eine zugewandte Körpersprache und aktives Zuhören signalisieren Ihrem Kind, dass Sie ihm Ihre volle Aufmerksamkeit widmen.

- **Eine verbale Antwort** ist nicht immer erforderlich. Wir reden oft zu viel, statt still und präsent zu sein. Kinder wollen oft nur, dass man da ist. Vielleicht möchten sie einfach nur eine Minute auf Ihrem Schoß sitzen, etwas Besonderes mit Ihnen anschauen, z. B. einen Schmetterling, oder Ihnen erzählen, was sie vorhaben. Wenn Sie das Gefühl haben, dass eine verbale Antwort erwartet wird, sagen Sie etwas, das von Herzen kommt, z. B. »Das ist wunderschön« oder »Es ist sehr schön, dich auf dem Schoß zu haben«. Oft schalten wir in den erwachsenen Problemlösungs- oder Informationsmodus und antworten, »Lass uns nachschauen, was für ein Schmetterling das ist« oder »Ich weiß, wie du das machen kannst. Du solltest …«. Aber wenn Kinder unsere Zuwendung brauchen, stärken wir in diesen Momenten die emotionale Bindung zu ihnen. Sie wollen keine Information oder Lösungen, sondern unsere Nähe.

Wenn Sie einen Moment voll und ganz für Ihr Kind da sind, investieren Sie in Ihre Beziehung und erhalten so etwas ganz Wertvolles. Wenn Ihr Kind sich geliebt und wichtig fühlt, schwindet meistens auch sein Drang, sich schlecht zu verhalten.

ERMUTIGEN STATT LOBEN

Oft verwechseln wir Lob mit Ermutigung. Diese sind jedoch recht unterschiedlich, mit sehr verschiedenen Ergebnissen. Ermutigung unterstützt und fördert die intrinsische Motivation, Lob bewirkt das Gegenteil.

Was Lob mit uns macht

Lob macht leicht von der Anerkennung anderer abhängig. Es ist eine Art externe Belohnung, im Gegensatz zur intrinsischen Motivation, die aus Ermutigung erwächst. Wenn Kinder etwas tun, z. B. ein Bild malen, ihr Zimmer aufräumen, Laub harken oder einen Test gut bestehen, können Eltern sie entweder ermutigen oder loben. Wenn wir unseren Kindern immer sofort sagen, wie sehr uns gefällt, was sie getan haben, wie stolz wir auf sie sind und wie sehr wir uns wünschen, dass sie das wiederholen, tun wir das sicher in bester Absicht. Wir wollen nicht den Fokus auf uns lenken; allerdings macht ein solches schnelles Lob Kinder von unserer Anerkennung abhängig. Sagen wir immer wieder »Gut gemacht!« oder »Das gefällt mir!«, wer-

“ ”

Kinder verspüren Befriedigung und Stolz, wenn sie ermutigt werden. Das fördert ihr Selbstvertrauen.

Ihr Kind mag eine Arbeit nicht so gut ausführen wie Sie selbst, doch es lernt, stolz darauf zu sein, eine Aufgabe zu übernehmen.

den unsere Worte bedeutungslos, und die Kinder können zu »Lob-Junkies« werden. Diesen Kreislauf zu durchbrechen ist für Kinder unglaublich förderlich.

Lob beinhaltet Beurteilung, Anerkennung durch andere, Fokus auf das Ergebnis und Wettbewerb. Es gibt einem Kind kein brauchbares Feedback für zukünftiges Handeln. Wenn Ihr Arbeitgeber bei der jährlichen Beurteilung fünf Arbeitsfelder mit »gute Arbeit«, »ausgezeichnete Arbeit«, »gute Leistung« kommentieren würde, würden Sie sich sicher freuen, hätten aber keine nützliche Information, um sich weiterzuentwickeln.

Die Macht der Ermutigung

Eine ermutigende Bewertung könnte so aussehen, dass Ihr Arbeitgeber Sie anregt zu überlegen, wie Sie Ihre Organisations- oder Führungsfähigkeiten, Strategien und Methoden weiterentwickeln könnten, um Ziele gut zu erreichen oder Ihre Eigenmotivation zu stärken. Ebenso wird Ihr Kind Befriedigung verspüren und das Gefühl, etwas geleistet zu haben, wenn Sie es fragen, was es gemacht hat und was es empfindet. Sein Selbstvertrauen wird wachsen und es wird Neues ausprobieren um des Lernens willen, ermutigt durch seinen Stolz. Ermutigung bedeutet Akzeptanz, Prozess, Lernen, Fähigkeiten erwerben und Freude.

Die Kunst des Ermutigens

Kinder profitieren enorm davon, wenn man sie ermutigt, statt sie zu loben. Sie erfahren sich als jemand, der zu ihrer Familie, Schule oder einer anderen Gemeinschaft einen wichtigen Beitrag leistet.

- Machen Sie Ihr Kind darauf aufmerksam, wie viel Arbeit es in ein Projekt gesteckt hat, wie detailgenau es vorging und wie konzentriert und ausdauernd es war.
- Fragen Sie Ihr Kind, was es an dem Prozess am meisten mochte, welche Mittel am hilfreichsten waren, wie es sich nach der Fertigstellung fühlte und wie es anderen half.

Augenmerk auf den Prozess

Eine wichtige Beobachtung ist, dass Kinder von der Geburt bis zum Alter von etwa sechs Jahren in einer Entwicklungsphase sind, in der der Prozess wichtiger ist als das Ergebnis. Sie tun Dinge aus Interesse und Freude und beschäftigen sich nicht mit dem Endergebnis. Ein kleines Kind, das z. B. beim Sortieren sauberer Wäsche hilft, konzentriert sich voll darauf, die Wäsche aus dem Trockner zu holen, den Wäschekorb dorthin zu tragen, wo die Wäsche gefaltet wird, sie dann zu sortieren und zu falten. Ob die Socken zusammenpassen oder die Handtücher so gefaltet sind, wie Sie es sich wünschen, ist ihm nicht wichtig. Sein Erfolgserlebnis besteht darin, die Wäsche vom Trockner in die Schublade zu bekommen.

DAS KIND EIGENSTÄNDIGKEIT LEHREN

Eines unserer Ziele als Eltern ist, unsere Kinder zu Unabhängigkeit und Eigenständigkeit zu erziehen und sie gleichzeitig begreifen zu lassen, dass wir alle voneinander abhängig sind. Wir lehren unsere Kinder dies Schritt für Schritt, im Laufe ihrer Entwicklung vom Kleinkind zum Erwachsenen.

Mentor Ihres Kindes

Die Art und Weise, wie wir unsere Kinder unterstützen, wenn sie Hilfe benötigen, kann sie entweder selbstbewusst und kompetent oder von anderen abhängig machen. Wir sollten ihre Mentoren sein und sie vertrauensvoll führen, nicht als ihre »Problemlöser« auftreten. Unser Verhalten soll sie emotional stark und widerstandsfähig machen.

“ ”

Maria Montessori zufolge würden die Kinder, wenn sie die richtigen Worte dafür hätten, uns bitten: »Hilf mir zu lernen, es selbst zu tun.«

Vom Tag seiner Geburt an lernt Ihr Kind. Jede Erfahrung ist für es neu. Meistens ist uns dies bewusst, solange die Kinder Säuglinge sind. Sobald sie jedoch ihre ersten Schritte tun, übersehen Eltern leicht, dass ihre Kinder ihnen ständig abschauen, was sie tun und wie sie sein sollen. Mit dem Heranwachsen lernt Ihr Kind von Ihnen Alltagsfähigkeiten – als Kleinkind, sich Hände und Gesicht zu waschen, als größeres Kind, mit Taschengeld umzugehen. Manchmal bringen Sie Ihrem Kind bewusst etwas bei, dann wieder lernt es, indem es Ihnen etwas nachmacht. Jedes Mal, wenn Sie Ihrem Kind etwas zeigen oder erklären, wird es kompetenter und selbstbewusster.

Das Kind führen

Sie sind der erste und wichtigste Lehrer Ihres Kindes. Die besten Lehrer stellen Fragen, die Kinder motivieren, über eine Situation nachzudenken und den nächsten Schritt zu überlegen, statt Antworten oder Lösungen vorzugeben oder Dinge für sie zu tun. Das Ziel ist, Kinder zur Unabhängigkeit zu befähigen.

Es kann vorkommen, dass Ihr Kind sagt: »In der Schule will keiner mit mir spielen«; »Ich kann das naturwissenschaftliche Projekt nicht«; »Ich bin hingefallen und blute am Knie, es tut weh« oder »Ich wollte heute dieses Kleidungs-

Arbeiten Sie Seite an Seite, damit Ihr Kind sieht, wie Sie etwas tun.

stück tragen und es ist in der Wäsche«. Sammeln Sie sich kurz, bevor Sie antworten, um Unterstützung und Führung zu bieten. Nehmen Sie zunächst die Gefühle Ihres Kindes wahr. Reagieren Sie dann mit fürsorglichen Fragen, die ihm helfen, Beziehungen aufzubauen, Hausarbeit zu machen, für sich zu sorgen, Aufgaben zu erledigen und Probleme zu lösen. Wenn sich Ihr Kind an Sie wendet und Sie es als Reaktion liebevoll anleiten, lernt es, dass es kompetent ist und bei Bedarf um Hilfe bitten kann.

Folgen Sie einigen grundlegenden Prinzipien, um Ihrem Kind etwas beizubringen, ob einen Schnürsenkel zu binden oder beim Abwasch zu helfen:

- **Überlegen Sie sorgfältig,** welche Schritte eine Aufgabe erfordert.
- **Führen Sie Ihrem Kind die Ausführung** langsam und sorgfältig, Schritt für Schritt, vor und laden Sie es zum Nachmachen ein.
- **Sprechen Sie möglichst nicht** während des Vormachens, erst am Schluss. Zeigen Sie sorgfältig, wie Sie eine Aufgabe ausführen, damit Ihr Kind Sie beobachten und dann nachmachen kann. Rechnen Sie anfangs mit Fehlern. Jeder Fehler bietet die Chance, etwas zu lernen, entweder, wie man etwas richtig ausführt, oder wie man nach einem Missgeschick aufräumt.

FAMILIENLEBEN NACH MONTESSORI

EIN ANREGENDES ZUHAUSE

So wie Montessori-Klassenzimmer mit Blick auf die Kinder gestaltet sind, die dort lernen, können Sie für jedes Ihrer Familienmitglieder eine von Montessori-Prinzipien inspirierte häusliche Umgebung schaffen.

Montessori-Klassenzimmer schaffen bewusst eine Umgebung, die bei allen Mitgliedern der Klassengemeinschaft Ordnung, Eigenständigkeit, Behaglichkeit, geistige Anregung, Engagement sowie die Liebe zum Lernen fördert, unabhängig von Alter, Interessen und Entwicklungsstufe. Dies wird als »vorbereitete Umgebung« bezeichnet. Auch Sie können in diesem Sinne mit einfachen Maßnahmen zu Hause eine vorbereitete häusliche Umgebung nach Montessori schaffen, die das Alter, die Interessen und den Entwicklungsstand jedes Mitglieds Ihrer Familie berücksichtigt.

“ ”

Eine strukturierte, ästhetisch ansprechende Umgebung, die die Interessen Ihrer Familie widerspiegelt, macht ein Zuhause aus, das alle inspiriert.

DIE GRUNDPRINZIPIEN

Drei Grundprinzipien werden Ihnen helfen, Ihr Heim so zu planen und einzurichten, dass es die Werte Montessoris verkörpert.

Egal, ob Ihr Zuhause klein oder groß ist – ist es gut organisiert, ästhetisch ansprechend und gibt Ihren Interessen Raum, spiegelt es die Montessori-Werte und -Prinzipien wider.

Alles hat seinen Platz

Organisieren Sie Ihr Zuhause so, dass Ihre Sachen methodisch aufbewahrt werden, leicht auffindbar sind, Sie Strukturen wahren und Unordnung meiden, wird eine Ordnung spürbar, in der alles seinen Platz hat. Kann Ihr Kind von klein auf seine Sachen erreichen, wird es dadurch zunehmend unabhängig und eigenständig, weil es praktische Fähigkeiten erwirbt, die es an allen Aspekten des Familienlebens teilhaben lassen.

Freude an Ästhetik

Schaffen Sie ein Zuhause, das jedes Familienmitglied wie auch Gäste als warm, einladend, sauber und behaglich empfinden. Natürlich muss Ihnen nicht gefallen, was Ihrem Kind gefällt. Dafür ist Platz in seinem eigenen Bereich. So kann sein Zimmer in seiner Lieblingsfarbe gestrichen sein und das Dekor sich an Themen ausrichten, die es begeistern.

Interessen widerspiegeln

Statten Sie Ihr Zuhause mit Büchern, Kunst, Musik und Dingen aus, die zu Aktivitäten und zum Lernen anregen und die Interessen der Familienmitglieder spiegeln – auch eigene, die Sie Ihrem Kind nahebringen möchten. Es können ganz verschiedene Dinge sein, etwa Symbole des Glaubens oder Ihrer Traditionen, eine Naturecke, ein Trainingsbereich, eine Bibliothek, Haustiere, ein Teleskop, eine Kreativ-Ecke oder ein Ort zum Musikhören. Gemeinsames Erforschen und Entwickeln von Ideen und Interessen sollte im Mittelpunkt stehen.

Sind die Dinge zu Hause geordnet, vermittelt man den Gedanken, dass alles seinen Platz hat.

DAS KINDERZIMMER

Für Ihr Kind ist sein Zimmer sein persönlicher Bereich. Auch wenn es ihn mit einem Geschwister teilt, hat es einen besonderen Bezug dazu. Helfen Sie ihm, sein Zimmer behaglich einzurichten, sodass es Geborgenheit und Ordnung ausstrahlt und das Wesen und die Interessen Ihres Kindes widerspiegelt.

Sich ausbildende Identität

Bei Ihrem Säugling oder Kleinkind entscheiden Sie über seine Einrichtung, sein Spielzeug und seine Kleidung. Mit drei Jahren kann Ihr Kind schon eigene Ideen für sein Zimmer haben. Beziehen Sie es anfangs nur wenig mit ein. Suchen Sie z. B. ein Elefantenbild aus und lassen Sie Ihr Kind zwischen zwei Plätzen wählen: »Möchtest du den Elefanten neben dem Schrank oder über dem Bett haben?« Je älter das Kind, desto stärker wird es mit einbezogen, bis es das meiste allein plant.

Darf ein Kind sein Zimmer mitplanen und -gestalten, übt es Eigenständigkeit, kreatives Denken, Problemlösung und Sinn für Ordnung ein. Richten Sie ein Zimmer für und mit Ihrem Kind ein, wird es sich darin wohlfühlen und es lieben.

Was man beachten sollte

Beachten Sie Folgendes, um ein Zimmer für Kinder jeden Alters nach Montessori einzurichten:

- **Legen Sie die Hausregeln fest.** Klären Sie, gemäß Ihren Familienregeln, was Ihr Kind in seinem Zimmer darf. Ist z. B. essen dort erlaubt? Sind Computer, Handys, Videospiele o. Ä. oder Haustiere dort jederzeit erlaubt?
- **Hängen Sie Dinge niedrig.** Hängen Sie Fotos, Pinnwände und Bilder auf Augenhöhe Ihres Kindes.
- **Helfen Sie Ihrem Kind, Ordnung zu halten.** Stellen Sie ihm seine Sachen optisch ansprechend bereit. Spielzeugkisten können sich als einfache Ordnungshelfer anbieten, doch der Anblick vieler zusammengeworfener Sachen überfordert Kinder schnell. Wenn jedes Ding seinen festen Platz hat, kann Ihr Kind einen Sinn für Ordnung entwickeln. Mit etwas Übung und Konsequenz wird es sich angewöhnen, die Sachen an ihren Platz zurückzustellen. Statt großer Behälter oder überfüllter Regale sollten Sie Ihrem Kind, solange es klein ist, in niederen Regalen nur acht bis zwölf Dinge anbieten, damit es diese Gewohnheit erwirbt. Verliert Ihr Kind das Interesse an etwas, ersetzen Sie es zeitweilig durch etwas anderes, um neues Interesse zu wecken.
- **Machen Sie Kleinkindern ihre Kleidung zugänglich.** Senken Sie Kleiderstangen ab und nutzen Sie die untersten Kommodenschubladen. Das spricht den Ordnungssinn Ihres Kindes an,

und wenn es mit etwa 24 Monaten beginnt, sich selbst anzuziehen, kann es dies selbstständig tun.

- **Die Möbel sollten der Größe** und den Bedürfnissen Ihres Kindes entsprechen. Ob das erste Bett eine Matratze auf dem Boden oder ein Etagenbett ist, der Schlafplatz Ihres Kindes sollte bequem und sicher sein und ihm Eigenständigkeit bieten. Ist Platz vorhanden, sind ein kleiner Tisch mit Stuhl eine willkommene Ergänzung.
- **Schaffen Sie Platz für Bücher.** Bei Montessori werden Bücher sehr wertgeschätzt und als wichtig angesehen. Sie sind meist in jedem Raum zu finden. Schaffen Sie im Kinderzimmer eigens Platz dafür, damit Ihr Kind lernt, Bücher mit Sorgfalt und Respekt zu behandeln.
- **Denken Sie an gutes Licht.** Natürliches Tageslicht ist optimal, aber auch künstliche Beleuchtung sollte dafür sorgen, dass das Zimmer hell ist. Die passenden Lampen für unterschiedliche Aktivitäten schonen die Augen.

Alter und Entwicklung

18 Monate–6 Jahre
Zu viel Spielzeug überfordert Ihr Kind. Wenige, langlebige, schöne Sachen aus Naturmaterialien sind besser als eine große Menge batteriebetriebener Plastikspielzeuge.

6–12 Jahre
Ihr Kind benötigt zum Lernen einen Schreibtisch, eine Leselampe und einen Stuhl. Schränken Sie die Nutzung digitaler Geräte in seinem Zimmer ein.

12–18 Jahre
Lassen Sie Ihr Kind sein Jugendzimmer weitgehend selbst gestalten, mit Ihrer Zustimmung und Beratung.

Richten Sie das Kinderzimmer aus der Perspektive des Kindes ein – mit den Aktivitäten in Reichweite und Bildern und Regalen auf Augenhöhe.

DIE KÜCHE

Die Küche ist oft der Mittelpunkt des Familienlebens, der Ort, an dem alle zusammenkommen, um Essen zuzubereiten, zu reden und beisammen zu sein. Besonders kleine Kinder helfen gern in der Küche mit und wollen bei den Eltern sein, wenn diese dort arbeiten.

Ein zugänglicher Ort

Die Organisation Ihrer Küche sollte die Alltagsfähigkeiten Ihres Kindes fördern, sodass es mithelfen kann und eigenständig wird. Wenn alles seinen Platz hat und leicht erreichbar ist, ermöglicht diese Ordnung Ihrem Kind, sich in der Küche ruhig und selbstsicher zu bewegen. Gemeinsam Mahlzeiten zuzubereiten und aufzuräumen vermittelt nützliche Lebenskompetenzen und schafft familiäre Gemeinschaft. Einfache Maßnahmen erleichtern Ihrem Kleinkind, mit anzufassen.

- **Reservieren Sie ein unteres Kühlschrankfach** für fertige Getränke oder einen kleinen Krug mit Wasser, Obst und Zutaten für belegte Brote und Snacks. Darf sich Ihr Kind Snacks oder Getränke selbst nehmen, lernt es, seine Bedürfnisse selbst zu regulieren.

Alter und Entwicklung

18 Monate–6 Jahre
Steht alles in Reichweite, kann auch Ihr sehr kleines Kind beim Zubereiten helfen, sich selbstständig Essen holen und aufräumen. Sind Impulskontrolle und Koordination besser entwickelt, können Keramikteller, Gläser und Kinderbesteck (bis etwa vier Jahre ein Buttermesser) verwendet werden.

6–12 Jahre
Ihr Kind kann bei einfachen Kochvorgängen helfen. Sprechen Sie über Ernährung, Flächen und Utensilien säubern und Essen aufbewahren.

12–18 Jahre
Teenager können beim Planen der Mahlzeiten, Einkaufen, Kochen und Putzen helfen.

Leicht zugängliche Teller, Tassen, Schüsseln und andere Utensilien fördern die Eigenständigkeit Ihres Kleinkinds.

„“ UNSERE GESCHICHTE

Bisher haben wir in allen Entwicklungsphasen von Otis darauf geachtet, unsere Räume so einzurichten, dass sie funktional und für einen kaum einen Meter großen Menschen geeignet sind, sodass er sich dort gefahrlos beschäftigen kann.

Er hat einen eigenen Schrank in der Küche mit seinen Tellern und Utensilien, die er sich holen kann, wenn er sein Mittagessen oder einen kleinen Imbiss bekommt. Mit einem Tritthocker kann er in der Küche die Arbeitsfläche erreichen und bei der Zubereitung einiger Speisen helfen. Besonders gerne hilft er beim Backen von Keksen, Kuchen und Brot – Brotbacken ist seine Lieblingsbeschäftigung! Er hat schon einige Erfahrung in dieser Kunst, da er im Kindergarten schon Brot gebacken hat. Er ist sehr stolz, wenn er uns zeigt, wie man den Teig knetet. Indem wir ihm Verantwortung in der Küche übertragen und ihm eine auf seine Größe zugeschnittene Umgebung anbieten, hat er die Freiheit, Dinge so zu tun, wie es ihm gefällt. Zugleich geht er sorgfältig mit den Sachen um und denkt auch an das Aufräumen.

Brendan und Ann Marie, Eltern von Otis, 4 Jahre

- **Unzerbrechliche Behälter** für Butter, Marmeladen und Brotaufstriche ermöglichen Ihrem Kind, alles zu verwenden und wieder wegzustellen und dabei Halten und Tragen einzuüben.
- **An einem Kindertisch mit Stuhl,** falls Platz dafür vorhanden, kann Ihr Kleinkind sein Essen eigenständig bereitstellen und verzehren.
- **Stellen Sie Teller, Tassen** und Servietten unten in den Schrank, legen Sie Besteck in eine niedrige Schublade oder einen Korb. Ideal ist kleines Besteck (siehe Kasten gegenüber) – Kinderbesteck oder kleine Teile aus Ihrem Set. Unzerbrechliches Geschirr lässt Kinder bis zu drei oder vier Jahren risikolos Fähigkeiten einüben.

Zubereiten und Aufräumen

Ein stabiler Hocker oder Trittschemel ermöglicht einem Kleinkind, bei Abwasch und Essenszubereitung zu helfen. Zeigen Sie Ihrem Kind, wie man die Arbeitsfläche nach Gebrauch abwischt, wird es dies verinnerlichen. Besen, Kehrschaufel und Wischmopp in Kindergröße ermöglichen schon Ihrem Kleinkind, den Küchenboden mit sauber zu halten.

ESSBEREICHE

Ob die Familienmahlzeiten in einem separaten Esszimmer oder am Küchentisch eingenommen werden – gestalten Sie sie für alle möglichst angenehm (siehe S. 78–81). Beziehen Sie Ihre Kinder sowohl beim Tischdecken als auch beim Abräumen nach dem Essen möglichst mit ein.

Den Tisch decken

Darf Ihr Kind regelmäßig mithelfen, den Tisch für die Familie oder für Gäste zu decken, vermitteln Sie ihm eine unschätzbare Alltagskompetenz. Ein einladend und ordentlich gedeckter Tisch zeigt, dass die Mahlzeiten wertvolle gemeinsame Zeit sind. Verwenden Sie eine Tischdecke, kann Ihr Kind Ihnen helfen, sie zum Tisch zu tragen, aufzufalten, auszulegen und in die Wäsche zu geben, wenn sie schmutzig ist. Ein Kleinkind benötigt wahrscheinlich Hilfe beim Auslegen der Tischdecke, selbst auf einem kleinen Tisch. Tischsets, ob mit oder ohne Decke verwendet, sind leichter zu handhaben und schaffen auch Ordnung.

Montessori regt den Gebrauch von Stoff- statt Papierservietten an, um die Wiederverwendung von Dingen vorzuleben. Ihr Kind kann auch lernen, wie man sie faltet oder rollt, benutzt und wäscht.

Sobald Ihr Kind genug Koordination entwickelt hat und Interesse zeigt, kann es Teller zum Tisch tragen und auf jedes Tischset oder jeden Platz vor einem Stuhl einen stellen. Es kann auch das Besteck heraussuchen und zum Tisch bringen. Zeigen Sie ihm, wie es Messer, Gabeln und Löffel sicher trägt und richtig platziert. Schwere Krüge mit Wasser oder Geträn-

Regeln für Familienmahlzeiten

Bei den Mahlzeiten ist man beisammen, genießt das Essen und spricht über den Tag (siehe S. 78–81). Die folgenden Regeln sorgen für schöne und harmonische Mahlzeiten.

- Lassen Sie digitale Geräte, Fernsehen oder laute Musik beim Essen nicht zu, um Ablenkung zu vermeiden.
- Überlegen Sie, wie lang die Kinder am Tisch bleiben sollen. Wenn z. B. Gespräche zwischen Eltern und/oder älteren Kindern ein jüngeres Kind langweilen, darf es dann fragen, ob es aufstehen darf, oder soll es warten, bis alle mit dem Essen fertig sind oder ein Erwachsener es entlässt?
- Vereinbaren Sie, dass alle beim Aufräumen helfen: Teller abräumen, Abfälle in den Kompost oder Mülleimer geben, abspülen, Geschirr säubern und die Spülmaschine einräumen.

“ ”

Beziehen Sie Ihr Kind in das Tischdecken, Essen zubereiten und Aufräumen mit ein, vermitteln Sie ihm, dass es einen wichtigen Beitrag leistet.

Überlegen Sie, wie Ihr Kind die Mahlzeiten aus seiner Perspektive erlebt. Sind z. B. Teller und Krüge so leicht, dass es sie hochheben und handhaben kann?

Alter und Entwicklung

18 Monate–6 Jahre
Ihr Kleinkind kann in einem Korb Besteck und Servietten zum Tisch tragen, den Sie oder ein älteres Geschwister dann decken. Etwa mit drei Jahren kann es dank verbesserter Kraft und Koordination beim Ein- und Abdecken des Tisches helfen.

6–12 Jahre
Ihr Kind kann jetzt empfindlicheres Geschirr handhaben, Gläser verteilen, beim Abwasch und dem Beladen der Spülmaschine helfen.

12–18 Jahre
Teenager können bei allen Schritten einer Mahlzeit mithelfen und jüngeren Geschwistern Anmut und Höflichkeit vorleben.

ken kann Ihr Kind eventuell nicht zum Tisch tragen. Überlegen Sie, wie Sie diese Aufgabe auch einem jüngeren Kind ermöglichen können. So könnten Sie einen großen Krug zum Tisch tragen und Ihr Kind einen kleineren, kindgerechten.

Tischmanieren erlernen

Die Mahlzeiten bieten die perfekte Gelegenheit, Anmut und Höflichkeit täglich vorzuleben und zu vermitteln. Die Familienmitglieder üben im Miteinander Manieren ein und bewegen sich bewusst und sorgsam, wenn sie den Tisch decken, das Essen reichen, Getränke einschenken und nach dem Essen aufräumen. Wie bei allem, was Sie Ihrem Kind beibringen, gilt es auch bei den Tischmanieren, das gewünschte Verhalten vorzumachen. Zeigen Sie in kurzen, einfachen Schritten, wie man z. B. Suppe mit dem Löffel isst, Essen schneidet, höflich um etwas bittet und mit »danke« antwortet. Wenn Ihr Kind etwas fallen lässt oder verschüttet, nutzen Sie dies als Chance, ihm beizubringen, wie man aufräumt. Vergisst es, höflich um etwas zu bitten oder »danke« zu sagen, erinnern Sie es respektvoll daran, sodass Sie es nicht beschämen oder in einen Machtkampf drängen.

FAMILIEN- UND SPIELZIMMER

Ein informeller Familien- oder Spielbereich – Ihr Wohnzimmer, ein separater Raum oder der ausgewiesene Bereich eines Zimmers – ermöglicht der Familie, sich zu versammeln – zum Fernsehen, Spielen mit Spielzeug, Video- oder Brettspielen oder für andere Aktivitäten. Solch ein gemeinsamer Raum stärkt die Familiengemeinschaft.

Ordnung aufrechterhalten

Bemühen Sie sich in diesem informellen Bereich genauso um Ordnung wie in Ihren anderen Räumen auch. Allzu schnell ist das Spielzeug kreuz und quer verstreut, wird zur Stolperfalle und ist mühsam aufzuräumen. Beachten Sie bei der Organisation des Familienzimmers folgende Punkte.

- **Überlegen Sie,** wozu die Familienmitglieder diesen Raum am liebsten nutzen. Schaut Ihre Familie z. B. gern gemeinsam fern oder spielt gern mit mehreren Personen Videospiele? Vielleicht lesen Sie hier auch gern in Ruhe, oder es wird mit Spielzeug gespielt, das hier auch aufbewahrt wird. Überlegen Sie, wie viel Platz Sie zur Verfügung haben, was hier die meiste Zeit für Ihre Familie im Mittelpunkt steht und welches Mobiliar sich für diesen Raum am besten eignet.
- **Finden Sie Möglichkeiten,** Spielzeug, Spiele, Bastelmaterial und anderes in dem verfügbaren Raum zu strukturieren. Regale und Wandhaken sorgen für Ordnung, ein stabiler Korb oder Behälter eignet sich für größere Dinge wie Klötze und anderes zum Bauen. Nutzen Sie den vorhandenen Raum sinnvoll. Eine gute Organisation hilft jedem Familienmitglied, das Prinzip zu befolgen, dass alles seinen Platz hat, an dem es aufbewahrt wird, wenn es nicht in Gebrauch ist.

Alter und Entwicklung

18 Monate–6 Jahre
Sorgen Sie dafür, dass Ihr Kind Bücher und Spielzeug gefahrlos erreicht. Was zerbrechlich ist oder leicht heruntergezogen werden kann, sollte außer Reichweite sein.

6–12 Jahre
Bringen Sie Ihrem Kind bei, rücksichtsvoll zu sein, Sachen nach Gebrauch wegzuräumen, andere zu fragen, ob der Fernseher sie stört, und mit Geschwistern zu teilen.

12–18 Jahre
Regeln Sie, wann Ihr Kind mit Spontanbesuchern den Familienraum nutzen darf und wann es in das eigene Zimmer gehen soll.

Durchdacht eingerichtete Familien- und Spielzimmer ermöglichen den Familienmitgliedern, Seite an Seite harmonisch ihren jeweiligen Aktivitäten nachzugehen.

- **Legen Sie fest,** dass die Familienmitglieder immer nur eine oder zwei Sachen herausholen dürfen, damit die anderen nicht darüber stolpern. Liegt eine zusammengerollte Matte oder ein Teppich bereit, den Ihr Kind auf dem Boden ausrollt, kann es damit seinen Spielbereich definieren, auf dem es z. B. mit Bau- oder Steckklötzen spielt oder ein Puzzle legt. Je nach den Interessen Ihres Kindes bzw. Ihrer Familie und den räumlichen Gegebenheiten können Sie auch einen Tisch mit Stühlen aufstellen, wo Ihr Kind und andere Puzzle legen oder ordentlich basteln können.
- **Ist etwas nicht erlaubt?** Vielleicht möchten Sie hier keine Bewegungsspiele wie Fangen oder Ringen zulassen? Sind Snacks erlaubt?
- **Natürlich gelten einige Regeln,** z. B. achtsam mit Dingen umzugehen, nicht zu laut Musik zu hören und keine Essensreste liegen zu lassen, im ganzen Zuhause, weil sie unter die Regel fallen, dass man Rücksicht aufeinander nimmt und niemanden gefährdet.

STRATEGIEN FÜR DEN ALLTAG

FAMILIENTREFFEN

Das auf S. 22–23 vorgestellte Konzept der Familientreffen zählt zu den wichtigsten Montessori-Strategien, da es allen Familienmitgliedern ein Gefühl der Zugehörigkeit vermittelt. Bei den Familientreffen wird jede Person berücksichtigt und hat am Tisch eine Stimme.

Was Ihr Kind bei Ihren wöchentlichen Familientreffen lernt, ist in den Jahren, die es mit Ihnen verbringen wird, von unschätzbarem Wert. Die dabei erworbenen Kompetenzen wird Ihr Kind auch später nutzen, in seiner eigenen Familie, im Arbeitsleben und im Leben in einer Gemeinschaft.

Die Familienmitglieder moderieren die Treffen im Wechsel, sodass jeder mal die Leitung übernimmt. Die Rolle des Moderators wird jenen, die mit Besprechungen Erfahrung haben, leicht fallen, andere werden diese wichtige Lebenskompetenz erlernen. Beginnt man mit dem oder der Ältesten, können die Kinder sich durch Beobachten auf diese Rolle vorbereiten – schon Vierjährige können mit Unterstützung eines älteren Familienmitglieds zu moderieren beginnen. Dieses Rotieren bietet jedem Familienmitglied die Chance, in der Führungsrolle bestärkt und beim Erwerb dieser neuen Fähigkeit unterstützt zu werden.

Die Treffen dauern in der Regel 20 bis 30 Minuten, inklusive einer lustigen Aktivität zum Schluss. Wenn ein Problem in diesem Zeitrahmen nicht gelöst wird, kann man es in der folgenden Woche erneut aufgreifen. Die Treffen sollten aus Gründen der Konsistenz einem festen Format folgen, wie auf S. 66–67 beschrieben.

“ ”

Familientreffen, bei denen jeder Gelegenheit bekommt, seine Gefühle und Vorstellungen auszudrücken, fördern eine offene Kommunikation.

“ ” UNSERE GESCHICHTE

Als unser ältestes Kind Cooper etwa fünf Jahre alt und unsere Tochter Madeline etwa zwei war, besuchten wir einen Erziehungskurs, weil wir unsicher waren, ob wir mit unseren Kindern auf dem richtigen Montessori-Weg waren. Eine der wertvollsten Praktiken, die wir lernten, waren die wöchentlichen Familientreffen.

Wir begannen sofort mit unseren Treffen. Wir hatten nicht erkannt, wie viel ein Kleinkind aus Familiengesprächen aufnimmt, selbst wenn wir dachten, dass es nur mit seinem Spielzeug beschäftigt war. Jedes Kind wurde ein guter Moderator, Leiter und kreativer Problemlöser, als es so weit war. Beide waren auch untereinander und uns gegenüber einfühlsam und voller Wertschätzung.

Wir bemerkten auch, dass sich unsere Treffen etwas veränderten, als unsere Kinder sich dem Ende ihrer Grundschulzeit näherten. Sie wurden weniger regelmäßig und zwangloser als zu der Zeit, als die Kinder noch jünger waren. Alle hatten einen vollen Terminkalender, aber wenn einer von uns etwas mit der Familie zu besprechen hatte, nahmen wir uns alle Zeit, um uns zu unterhalten und die Dinge gemeinsam zu klären.

Was ich an den Treffen mit am meisten schätze, sind die Danksagungen und Wertschätzungen. Wenn wir vergessen, Zeit dafür einzuplanen, erinnern uns die Kinder immer daran, selbst wenn wir alle sehr viel zu tun haben.

Jon und Sophie, Eltern von Cooper, 18, und Madeline, 15

FAMILIENTREFFEN IN DER PRAXIS

1 Das Treffen eröffnen

Die wöchentlichen Treffen, idealerweise zu einer festen Zeit, beginnen mit Wertschätzung oder Danken. Kinder und Eltern drücken ihre positive Einstellung gegenüber dem Zusammensein aus und beachten das Wachstum und die Beiträge jedes Einzelnen. Der Moderator wählt ein Familienmitglied aus und dankt ihm für etwas, das es in der Woche getan oder bei dem es geholfen hat, dann folgen die anderen Familienmitglieder.

2 Themen diskutieren

Im Laufe der Woche tragen die Familienmitglieder Diskussionspunkte in eine Liste ein. Der Moderator spricht sie bei dem Treffen nacheinander an. Jeder macht zu jedem Punkt Vorschläge, sodass die Kinder üben, im Team Probleme ohne Schuldzuweisung oder Beschämen zu lösen. Der Leiter lernt, anderen zu helfen, kreativ und rücksichtsvoll zu sein und bei der Sache zu bleiben. Man kann einen Punkt auf die folgende Woche verschieben.

3 Was steht an?

Jede Person teilt ihre Aktivitäten oder Verpflichtungen für die kommende Woche mit; z. B. kann ein Kind an einem Abend eine Tanzaufführung haben, ein Elternteil eine Präsentation im Job. Dieser Austausch ermöglicht allen, sich auf das Bevorstehende einzustellen und sich gegenseitig zu unterstützen. Kinder lernen, Sensibilität für die Bedürfnisse, Sorgen, Herausforderungen und Aktivitäten anderer zu entwickeln.

4 Abschließen

Nach 15 bis 20 Minuten Diskussion widmet die Familie die letzten 10 Minuten des Treffens einer Aktivität, die der Moderator auswählt. Idealerweise bezieht sie alle Familienmitglieder mit ein und ist interaktiv, z. B. ein Spiel oder ein kurzer Spaziergang, kein passiver Medienkonsum. Ein solcher Abschluss motiviert und stellt sicher, dass jedes Familienmitglied ein positives Gefühl mitnimmt.

“ ”

Die Familientreffen zeigen Kindern, wie man Probleme gemeinsam mit anderen löst.

Alle Familienmitglieder – auch Großeltern und andere Verwandte, die zu Besuch sind – nehmen am Familientreffen teil.

BEREICHE FÜR UNORDNUNG

Manche Hobbys, Interessen oder Aktivitäten bringen Unordnung mit sich, und Sachen für Projekte müssen für spätere Weiterbenutzung stehen bleiben. Ein ausgewiesener »unordentlicher Bereich« ermöglicht den Familienmitgliedern, ihren Interessen nachzugehen, ohne Chaos zu verursachen.

»Geordnete Unordnung«

Ein Bereich, in dem sich Ihr Kind beschäftigen kann, ohne auf Ordnung zu achten, fördert die Kreativität. Jüngere Kinder sind am liebsten in der Nähe ihrer Eltern. Überlegen Sie daher, womit sich Ihre Familienmitglieder gern beschäftigen, und überlegen Sie, ob all dies im selben Raum möglich ist.

Alter und Entwicklung

18 Monate–6 Jahre

Legen Sie auf den Boden eines Bereichs oder auf einen Kindertisch eine abwaschbare Abdeckung. Stellen Sie Farben, Pinsel, Ton oder andere Materialien in ein kleines Regal. Vielleicht möchten Sie eine Staffelei in Kindergröße kaufen. Seien Sie anwesend, wenn Ihr Kind hier ist, um es anzuleiten und für seine Sicherheit zu sorgen.

6–12 Jahre

Geben Sie Ihrem Kind, gemäß seinen Interessen und Fähigkeiten, anspruchsvollere Mal- und Bastelmaterialien und Utensilien. Ein älteres Kind kann unbeaufsichtigt arbeiten.

12–18 Jahre

Passen Sie diesen Bereich den stärker fokussierten Interessen Ihres älteren Kindes an.

Stellen Sie Ihrem Kind einen Bereich zur Verfügung, in dem Unordnung erlaubt ist, ermöglichen Sie ihm, sich kreativ zu entfalten.

UNSERE GESCHICHTE

Eines Tages fiel mir auf, dass mein Sohn in seinem Rucksack lauter Sachen hatte, die ich für Müll hielt – kaputte Gummibänder, der Innenring einer Klebebandrolle und Schnüre. Ich fragte ihn, wofür sie seien, und er sagte nur, er brauche sie. Ich räumte alles aus, was Ungeziefer anzog, wie Bruchstücke von Keksen, und ließ ihm den Rest für seine Vorhaben. Dann bemerkte ich, dass Dinge aus dem Recycling-Abfall in sein Kinderzimmer wanderten: Eierkartons, Milchkartons, Pappschachteln in verschiedenen Größen.

Er sagte, er brauche das alles. Wir einigten uns darauf, dass er die Sachen in einem dafür vorgesehenen »unordentlichen« Bereich in seinem Zimmer aufbewahrte, dann holte ich tief Luft und ließ ihn gewähren. Eines Tages tauchte er aus seinem Zimmer mit einem »Smoothie-Laden« auf, den er aus Papp- und Abfallstücken sorgfältig zusammengeklebt hatte. Mit Anmut und Höflichkeit nahm er unsere Bestellungen auf und wir spielten miteinander. Er war sehr stolz, und ich dankte seinen Montessori-Lehrern im Stillen dafür, dass sie uns gezeigt hatten, wie man sein Kind seinen Interessen nachgehen lässt.

Tara, Mutter von John, 7

Wie bei allen Bereichen sollten Sie auch hier eine Grundstruktur einführen, sodass Utensilien leicht auffindbar sind und große Gegenstände nicht umgestoßen werden. Unordnung beeinträchtigt die Sicherheit und erschwert die Konzentration auf das jeweilige Projekt.

Kreativität Raum geben

Wenn Sie kein extra Zimmer für einen unordentlichen Bereich haben, überlegen Sie, ob Sie eine Ecke im Kinderzimmer, in der Küche oder im Wohnzimmer dafür vorsehen können (siehe Alter und Entwicklung, gegenüber). Die Bedürfnisse Ihres Kindes ändern sich je nach Alter und Interessen, aber die Grundidee bleibt dieselbe: Ihr Kind soll Hobbys und Interessen frei nachgehen können, während die Ordnung gewahrt bleibt. Eine kontrollierte Umgebung, in der Ihr Kind kreativ sein, bauen und forschen kann, fördert seine Kreativität und seine Fähigkeit zum Selbstausdruck.

DRAUSSEN SEIN

Montessori lehrt Kinder, dass sie Teil der natürlichen Welt sind und alles Lebendige voneinander abhängt. Überlegen Sie, wie Sie im Freien Ihrem Kind etwas über die Natur beibringen, seine Entwicklung fördern und als Familie Spaß haben können.

Zeit draußen verbringen

Die meisten Kinder sind gern draußen, wo sie herumlaufen und viel entdecken, auf Bäume klettern, Blumen und Beeren betrachten und gegebenenfalls mit ihrem Haustier spielen können. Viele Kinder arbeiten auch gerne im Garten oder im Freien und füttern kleine Tiere – etwa Kaninchen, Enten und Hühner.

Alter und Entwicklung

18 Monate–6 Jahre

Zeigen Sie Ihrem Kind Pflanzen, Bäume, Samen, Beeren und kleine Tiere und lehren Sie es, sie zu erkennen und zu benennen.

6–12 Jahre

Pflegen Sie in der Familie die Natur: mit Laub harken, Zweige sammeln und Büsche schneiden. Ab 12 Jahren kann Ihr Kind beim Rasenmähen helfen.

12–18 Jahre

Ihr Teenager kann erste Schritte im Gärtnern tun, z. B. indem er Kräuter aus Samen zieht.

Ob Sie nun in einer Wohnung ohne Garten leben, einen kleinen Außenbereich haben oder eine Fläche mit Platz für Spielgeräte – für Kinder ist es von unschätzbarem Wert, im Freien spielen und Erfahrungen machen zu können.

Unzählige Anregungen

Je nach Alter Ihres Kindes, Interessen Ihrer Familie, Ihren räumlichen Gegebenheiten und Klima sollten Sie Folgendes berücksichtigen, wenn Sie mit Ihrem Kind draußen Spaß haben möchten:

- **Ob Sie in Ihren Garten** oder in einen Park gehen, finden Sie Bereiche, in denen Ihr Kind rennen und spielen kann. So kann es sich austoben und darüber hinaus Geschicklichkeit, Beweglichkeit und Muskeltonus trainieren. Falls möglich, können auch Geräte wie ein Basketballkorb in Kindergröße oder ein Sportnetz zu Bewegung anregen.
- **Überlegen Sie, wie Sie im Freien** die Fantasie Ihres Kindes anregen, z. B. mit

“ ”

Ermöglichen Sie Ihrem Kind, draußen zu spielen, fördern Sie seine Entwicklung auf unschätzbare Weise und machen es mit der Natur vertraut.

Wenn Sie mit Ihrem Kind ins Freie gehen, können Sie es mit den Zyklen der Natur vertraut machen und es lehren, seine Umwelt zu respektieren.

einem Sandkasten oder einer Schaukel, mit Klettergeräten, einem Spielhaus oder einem einfachen Baumhaus.

- **Wenn der Platz es zulässt,** können Sie an einem Tisch draußen gemeinsam essen, lesen und malen.
- **Überlegen Sie, wo Schatten** Ihnen Schutz vor der Sonne bietet.
- **Vielleicht möchten Sie einen Familiengarten** mit Blumen und Gemüse anlegen (siehe S. 112), entweder in einem kleinen Gartenbeet, einem beliebigen Behälter oder einem Blumenkasten.
- **Informieren Sie sich über Parks,** Wanderwege oder Gemeinschaftsgärten in Ihrer Nähe, die Sie mit Ihrer Familie nutzen können.
- **Ein ehrgeizigeres Projekt,** das etwas Platz erfordert, ist ein heimisches Gehege für Kleintiere. Eine einfachere Alternative ist ein Ausflug in einen Streichelzoo.

Hüter der Erde

Erforschen Sie mit Ihrem Kind die Natur – ob bei einer Schnitzeljagd im Garten, einer Wanderung oder bei der Kräuterzucht auf der Fensterbank. So lernt es, dass wir alle mit der Natur verbunden und von ihr abhängig sind. Gehen Sie von Anfang an mit Ihrem Kind raus, lernt es, die Beziehung zwischen Lebewesen und ihrer Umwelt zu achten.

- In der Natur lernt Ihr Kind, dass jede Pflanze und jedes Tier von Klima, Boden und Geografie seiner Umgebung abhängt, auch von anderen Pflanzen und Tieren, denn jedes einzelne strebt danach, sich zu ernähren, zu wachsen und sich zu vermehren. Ihr Kind wird Verantwortung für die Erde entwickeln: Die freie Natur wird ihm ebenso am Herzen liegen wie grüne Oasen in der Stadt.
- Lehren Sie Ihr Kind, Lebendiges achtsam zu behandeln. Erklären Sie, dass es Blumen nur für einen bestimmten Zweck und von einer Sorte nicht zu viele pflücken sollte. Frische Wildblumen lassen sich trocknen, pressen oder in eine Vase stellen, um sie möglichst lange zu erhalten. Ermutigen Sie Ihr Kind dazu, Blumen zu studieren, zu vergleichen und Blütenblätter und Staubgefäße zu zählen. Später im Jahr kann es Nüsse, Früchte und Beeren suchen, untersuchen, wie diese angeordnet sind und beobachten, welche Tiere sie fressen.

TÄGLICHE ROUTINEN

Ein zentrales Konzept des Montessori-Zuhauses ist eine vorbereitete Umgebung, in der Kinder lernen, eigenständig, selbstdiszipliniert und organisiert zu sein.

Diese Philosophie unterscheidet sich stark von einer permissiven Erziehung, die Kindern keine Grenzen für ihr Verhalten oder ihre Entscheidungen setzt. Sie unterscheidet sich auch von dem Konzept, bei dem die Eltern die Regeln aufstellen und von den Kindern erwarten, die für sie festgelegten Routinen und Entscheidungen zu befolgen. Der Montessori-Ansatz ist fest an den Rändern und warm und einfühlsam im Herzen. Sein Ziel ist, Kinder zu lehren, dass ihre Stimme zählt. Kinder können Dinge allein tun und lernen dabei, zunehmend souveräner und unabhängiger zu werden und zu verstehen, dass mit Freiheit auch Verantwortung einhergeht. In diesem Abschnitt erkunden wir die täglichen Strukturen und Routinen, die Ihr Kind dabei unterstützen, sich zu entwickeln und zu gedeihen.

“ ”

Routinen in gewissen Tagesabläufen können Kindern helfen, sich von einer Struktur getragen zu fühlen und in diesem Rahmen unabhängig zu sein.

EIN FLEXIBLER RAHMEN

Kinder entwickeln sich am besten, wenn es in ihrem Alltag das richtige Maß an Struktur und Routine gibt – nicht zu viel und nicht zu wenig, einen gesunden Mittelweg zwischen Freiheit und Regeln.

Die wichtigsten Bereiche für hilfreiche Routinen sind das morgendliche Aufstehen und Anziehen, die Mahlzeiten und die Schlafenszeit. Sehr wichtig ist auch, wie Sie die Freizeit Ihrer Familie strukturieren und die Bildschirmzeit managen.

Bei Routinen geht es darum, sich eine tägliche Abfolge von Schritten zu überlegen, deren Einhaltung in einer bestimmten Situation hilfreich ist. Die Abfolge muss nicht starr sein, Ihr Kind sollte sich durch die Struktur unterstützt fühlen, was Stress und Streit reduziert.

Übergänge

Zu bestimmten Tageszeiten stehen bei Kindern Übergänge von einer Aktivität oder Phase zu einer anderen an, z. B. vom Frühstück zum Spielen oder von der Schule zu Freizeitaktivitäten. Wenn Sie Ihr Kind leiten, beobachten Sie, ob es dabei Hilfe benötigt oder den Übergang mühelos bewältigt. Berücksichtigen Sie seine Persönlichkeit und seine Bedürfnisse. Genügt eine sanfte Erinnerung oder braucht es konkrete Unterstützung? Wenn ja, helfen bestimmte Taktiken.

- **Stellen Sie eine Küchenuhr** auf z. B. 10 Minuten, in denen sich Ihr Kind auf eine Aufgabe wie das Anziehen und zum Frühstück kommen konzentriert.
- **Eine Beruhigungsstrategie** kann Ihrem Kind den Übergang erleichtern, wenn es vom Spielen draußen zum Abendessen reinkommt, z. B. indem es sich erst auf die Türschwelle setzt, etwas Wasser trinkt und seinen Atem beruhigt. Kündigen Sie an, was Sie gemeinsam tun können, um den Tisch und das Essen herzurichten.
- **Manchen Kindern hilft** eine Checkliste, handgeschrieben oder bebildert, die ihre Aufgaben wie Aufstehen oder Zähneputzen aufzeigt.

Eine visuelle Checkliste der Aufgaben für bestimmte Tageszeiten ist für manche Kinder hilfreich.

FERTIG MACHEN FÜR DEN TAG: KLEINE KINDER

Von 18 Monaten bis sechs Jahren brauchen Kinder Anleitung und Struktur im Tagesablauf. Gleichzeitig fordert Montessori uns dazu auf, »dem Kind zu folgen«. Denken Sie stets daran, dass Ihr Kind bei allem Bedürfnis nach Struktur und Routine einzigartig ist.

Die Kleidung am Vorabend bereitzulegen ist eine einfache Maßnahme, um am Morgen wertvolle Zeit zu sparen.

Den Ton vorgeben

Montessori zufolge müssen sich die Erwachsenen vorbereiten, um mit ruhiger Präsenz den Ton für den Tag vorgeben zu können. Befolgen Sie eine Routine, bei der Sie z. B. früh aufstehen, joggen, ruhige Musik hören oder etwas Schönes lesen, während Sie den bevorstehenden Tag gedanklich durchspielen, starten Sie entspannt in den Tag, und diese Ruhe strahlt auch auf Ihr Kleinkind aus.

Ein sanfter Start

Kleine Kinder benötigen Konsequenz und Routine, um Vertrauen und die Gewissheit zu entwickeln, dass ihre Bedürfnisse gestillt werden. Routinen sollten jedoch nicht starr sein, sondern sich nach dem Kind richten. Hier sind einige Ideen für Ihren Start in den Tag.

- **Bereiten Sie die Kleidung** und das Essen für Ihr Kind am Vorabend vor. Sie können auch schon den Frühstückstisch decken und Ihrem Drei- bis Fünfjährigen vorschlagen, morgens eigenständig zu frühstücken. Bekommt Ihr Kind Verpflegung in den Kindergarten mit, hilft es vielleicht gern bei der Zubereitung, weil es mit auswählen kann. Bieten Sie gesunde Alternativen an. Durch diesen Prozess lernt es, Essen aus verschiedenen Lebensmittelgruppen für eine ausgewogene Ernährung auszusuchen. Kinder essen ihre Verpflegung eher, wenn sie sie mit auswählen durften. Bereiten Sie Ihr Kleinkind auf diese Aufgabe vor, indem Sie ihm vorschlagen, am Wochenende gemeinsam mit Ihnen Snacks zuzubereiten.

- **Erstellen Sie eine Aufgabenliste** – in Gedanken oder schriftlich –, was morgens zu tun ist. Listen Sie jede Aufgabe auf, groß und klein, vom Füttern und Anziehen des Babys über die Beaufsichtigung älterer Kinder beim Frühstück bis hin zu Ihrem eigenen Frühstück. Legen Sie dann bei einem Familientreffen fest, wer die einzelnen Aufgaben übernimmt. Eine Morgenroutine hilft kleinen Kindern, Gewohnheiten und einen Rhythmus zu entwickeln. Manche tun das problemlos, andere benötigen eventuell eine bebilderte Tabelle zur Orientierung.
- **Geben Sie sich und Ihrem Kind** morgens genügend Zeit, damit auch mal etwas schiefgehen kann, etwa wenn Saft verschüttet wird, der Hund nicht gleich folgt oder Ihr Kleinkind nicht rechtzeitig aufs Töpfchen geht.

“ ” UNSERE GESCHICHTE

Nachdem mein Sohn angezogen war, begann er, unruhig zu trippeln, wie es für Kinder typisch ist, die aufs Töpfchen müssen. Ich fragte ihn, ob er müsse, und er antwortete »nein«. Als wir das Haus verlassen wollten, wurde das Trippeln schneller. »Musst du nicht doch?«, fragte ich. Wieder sagte er »nein«.

Sein Trippeln wurde immer drängender. Ich sagte: »Ich glaube, du musst doch« und hob ihn hoch, um ihn zum Töpfchen zu tragen. Da spürte ich ein warmes Rinnsal auf der Hüfte und wusste, dass ich diese Situation durch mein eigenes Abwarten heraufbeschworen hatte. Ich musste mein Kind ausziehen, die Schmutzwäsche entsorgen und frische Kleider heraussuchen. Die Lektion, die ich ihm beibringen wollte, musste auch ich lernen. In meiner Eile hatte ich das Unvermeidliche nicht wahrhaben wollen. Vermutlich hätte er es aufs Töpfchen geschafft, wenn ich gleich zu Beginn gesagt hätte: »Lass es uns versuchen.«

Alicia (@montessibaby @teachlearnmontessori), Mutter von Charlie, 2 Jahre

FERTIG MACHEN FÜR DEN TAG: ÄLTERE KINDER

Ab dem 6. Lebensjahr bis in die Pubertät hinein wird Ihr Kind in zunehmendem Maße Verantwortung übernehmen, seine Zeit organisieren und die familiären Werte, die es in seinen ersten Lebensjahren von Ihnen gelernt hat, in die Praxis umsetzen lernen.

Instrumente fürs Leben

Tag für Tag übt Ihr Kind die Fähigkeiten, das Wissen und die Überzeugungen, die es erworben hat, ein. Während es dabei unweigerlich Fehler macht, bereitet es sich darauf vor, eines Tages allein und eigenständig zu leben. Machen Sie Ihr Kind gleich von Anbeginn an mit Routinen vertraut, so können Sie Stress auf ein Minimum reduzieren und Ihrem Kind das Gefühl von Kompetenz vermitteln.

Bei Sechs- bis Siebenjährigen und Zehn- bis Zwölfjährigen setzt jeweils eine neue Entwicklungsstufe ein. Die Kinder scheinen mit Eintritt in eine neue Phase manchmal viel von dem Gelernten zu verlieren oder zu vergessen. Sie sind leicht ablenkbar, ungeschickt und sehr unorganisiert. Ihr Körper und ihr Gehirn verändern sich, was sie durcheinanderbringen und ihren Sinn für Ordnung und Routine stören kann. Die Morgenroutine ist leichter einzuhalten, wenn Sie am Vorabend möglichst viel vorbereiten, und gibt Ihnen Zeit, geduldig zu reagieren, wenn mal etwas nicht optimal läuft.

Einen Moment ganz präsent sein

Dem Kind in der morgendlichen Hektik volle Aufmerksamkeit zu schenken kann manchmal schwer sein. Möchte das Kind, dass man sich etwas ansieht, während man sich fertig macht, ist man schnell versucht, es zu vertrösten. Es fühlt sich möglicherweise übergangen und ist weniger kooperativ.

Ein anderes Resultat

Stellen Sie sich nun vor, dass Sie kurz innehalten, sich ganz auf die Sache konzentrieren, die das Interesse Ihres Kindes geweckt hat, und sein Staunen teilen. Das Bedürfnis Ihres Kindes ist gestillt, und statt einer zeit- und energieraubenden Situation erleben Sie einen besonderen Moment. Dann konzentriert sich jeder wieder auf seine Aufgabe und nimmt ein gutes Gefühl mit in den Tag.

Den Start in den Tag planen

Überlegen Sie, wie zu der Zeit, als Ihr Kind noch jünger war, wie Sie den nächsten Tag vorbereiten können, und planen Sie für alle einen guten Start in den Tag.

- **Bitten Sie Ihr Kind abends,** Hefte und Bücher in den Schulranzen zu packen, wenn es seine Hausaufgaben erledigt hat oder die Lernzeit vorbei ist, damit diese am Morgen gepackt sind. Wenn Ihr Kind Verpflegung in die Schule mitnimmt, kann es diese am Vorabend vorbereiten, mit Ihrer Hilfe oder allein. Ihr Kind kann auch die Kleidung für die Schule und eventuelle Aktivitäten danach bereitlegen.

- **Ihr Kind kann jetzt einen Wecker benutzen,** sich eigenständig waschen und anziehen und dann frühstücken. Jugendlichen fällt das Frühaufstehen schwer. Studien zeigen, dass sich ihr Biorhythmus ändert, sodass sie abends später einschlafen und morgens später aufwachen. Wenn die Schule dies nicht mit späterem Unterrichtsbeginn berücksichtigt, schlagen Sie Ihrem Kind vor, den Wecker früher zu stellen, damit es mehr Zeit zum Aufwachen hat.
- **Ermutigen Sie Geschwister unterschiedlichen Alters,** einander zu helfen. Ein älteres Geschwister könnte z. B. das Frühstück vorbereiten, während das jüngere ein Haustier füttert. Ein älteres Kind könnte auch einem jüngeren beim Bürsten und Zusammenbinden der Haare helfen.

Sich als Familie morgens gemeinsam fertig zu machen spart Zeit und fördert eine Atmosphäre der gegenseitigen Unterstützung.

- **Weisen Sie jeder Person eine Aufgabe zu,** die erledigt werden muss, bevor alle das Haus verlassen, z. B. den Tisch abdecken und das Essen wegräumen, das Licht ausschalten oder die Tür zuschließen.
- **Machen Sie sich für den Transport bereit.** Wenn Sie Ihr Kind zur Schule fahren, wer fährt? Wer schnallt kleine Kinder an? Nimmt Ihr Kind öffentliche Verkehrsmittel, hat es seine Fahrkarte dabei?

MAHLZEITEN: KLEINE KINDER

Wie Ihr Kind seine Mahlzeiten isst, ändert sich zwischen 18 Monaten und sechs Jahren. In den ersten drei Jahren füttern Sie Ihr Kind vielleicht, bevor Sie selbst essen; je früher Sie manche oder alle Mahlzeiten gemeinsam einnehmen, desto besser für Ihr Kind.

Frühe Kompetenzen

Ihr Kleinkind isst von Natur aus weniger und häufiger als Sie. Wenn sich sein Essverhalten dem Ihren angeglichen hat und es selbst essen kann, besorgen Sie ihm einen sicheren Stuhl, damit es mit Ihnen am Familientisch sitzen kann. Wahrscheinlich wird es vor seinem ersten Geburtstag gemeinsam mit Ihnen am Tisch die Mahlzeiten einnehmen.

Mit etwa 18 Monaten wird Ihr Kind geschickter mit Händen und Fingern und isst abwechselnd mit den Fingern und mit Besteck, wenn Sie ihm das Essen zerkleinern. Bringen Sie ihm Schritt für Schritt bei, Besteck zu benutzen. Optimal ist, statt Plastikbesteck kindgerechtes Metallbesteck zu benutzen (siehe S. 58). Lassen Sie Ihr Kind zuerst mit einem Buttermesser üben, es richtig zu halten, weichen Aufstrich aufzutragen und weiches Essen zu schneiden. Mit etwa vier Jahren zeigen Sie ihm, wie es mit einem schärferen Messer, das mehr Kontrolle erfordert, Essen schneidet. Darf Ihr Kind ähnliches Besteck wie Sie benutzen, fühlt es sich kompetent und lernt, mit echtem Besteck sicher und kontrolliert zu hantieren.

Gemeinsam essen

Ermutigen Sie Ihr Kleinkind, Neues zu probieren und ausgewogen zu essen. Wenn es Ungesundes vorzieht oder sich gegen Neues sträubt, nehmen Sie seine Vorliebe zur Kenntnis, reduzieren aber das ungesunde Angebot und bieten ihm verschiedene gesunde Sachen an. Das Kind in die Essenszubereitung einzubeziehen kann helfen.

Wenn Ihr Kind etwas ablehnt, nehmen Sie dies zur Kenntnis, ermutigen es aber sanft und konsequent, zu probieren. Weigert es sich weiter, kann es mit Ihnen am Tisch sitzen und am Gespräch teilnehmen. Zwingen Sie es nicht zu essen, stellen Sie ihm keinen Teller vor die Nase, bereiten Sie ihm kein anderes Essen zu, und bestechen Sie es nicht mit Nachtisch. Es soll wissen, dass es Essen gibt, wenn es seine Meinung ändert. Vertrauen Sie darauf, dass es isst, wenn es hungrig ist. Beginnt es zu stören, schlagen Sie ihm vor, seinen ruhigen Ort aufzusuchen (siehe S. 156–159).

Mit drei bis sechs Jahren können Kinder Manieren üben (siehe S. 61) und die Montessori-Prinzipien der Anmut und Höflich-

“ ”

Wenn Ihr Kind größer wird, lernt es, dass die Familienmahlzeiten die perfekte Gelegenheit sind, um zusammenzukommen und miteinander zu sprechen.

Metallbesteck in Kindergröße hilft Ihrem Kind, die zum Essen benötigten Fähigkeiten zu erwerben.

keit in die Praxis umsetzen: sorgfältig essen, sich an Gesprächen beim Essen beteiligen und beim Aufräumen helfen.

Gesicht und Hände waschen

Ihrem Kleinkind zu helfen, sich nach dem Essen zu säubern, bietet ihm eine wunderbare Lernchance und Ihnen Anlass für zärtliche Fürsorge. Oft wollen Erwachsene diesen Schritt jedoch schnell erledigen. Sie greifen zu einem Tuch, eilen ihrem Kind nach, halten es von hinten fest und wischen ihm zügig Gesicht und Hände ab. Stellen Sie sich vor, wie es für Sie wäre, wenn jemand, der größer und stärker ist als Sie, so mit Ihnen umgehen würde. Ihr Kind lernt so auch nicht, sich zu säubern. Halten Sie stattdessen zwei warme feuchte Tücher bereit, eines für sich und eines für Ihr Kind. Gehen Sie auf Augenhöhe des Kindes. Machen Sie vor, wie Sie sich das Gesicht sanft abwischen. Dann lassen Sie Ihr Kind dasselbe bei sich tun. Wenn sein Gesicht nicht ganz sauber ist, beseitigen Sie den Rest anschließend sanft und vorsichtig. Verfahren Sie genauso mit Händen und Fingern. Wenn Sie sich auf dem Tisch, außer Reichweite Ihres Kindes, eine Schüssel mit warmem, sauberem Wasser bereitstellen, können Sie die Tücher vor dem Reinigen der Hände ausspülen. So wird das Säubern nach dem Essen zu einer Routine, auf die sich Ihr Kind freut, statt sie zu fürchten.

MAHLZEITEN: ÄLTERE KINDER

Wenn die Kinder größer werden, wird es immer seltener möglich, als Familie zusammenzusitzen, ohne von Handys oder anderem gestört zu werden. Vereinbaren Sie, dass die Mahlzeiten gemeinsame Zeit sind: Die Arbeit wird zurückgestellt, Anrufe und Textnachrichten werden danach erledigt.

Eine wertvolle Zeit

Die Mahlzeiten mit älteren Kindern können sehr bereichernd sein. Folgende Ideen und Vorschläge machen sie zu einem geschätzten Teil des Tages.

- **Decken Sie den Tisch.** Essen Sie an einem Tisch statt an einem Küchentresen. Ein Hauch Formalität verleiht den Mahlzeiten etwas Besonderes.
- **Bilden Sie einen Familienkreis.** Wenn Sie möchten, reichen Sie sich die Hände für einen Moment der Stille und denken Sie über den Tag nach. Danken Sie für Gutes, das Ihnen widerfahren ist, und danken Sie auch dem Koch – nicht für das wohlschmeckende Essen, sondern um die Mühe der Zubereitung zu würdigen.
- **Halten Sie einander auf dem Laufenden.** Zu Beginn kann jeder von seinem Tag erzählen und sagen, was er der ganzen Familie mitteilen möchte, z. B. was gut gelaufen ist oder was schwierig, aufregend oder stressig war. Die Familienmitglieder können erzählen, was sie Neues lernen müssen, um ihre Arbeit oder ihr soziales Leben besser zu bewältigen. Und sie können Verpflichtungen gegenüber sich selbst oder anderen in der Familie eingehen.
- **Führen Sie echte Gespräche.** Aktuelle Ereignisse, das Leben und die Arbeit bieten viel Gesprächsstoff. Manche Familien diskutieren am Tisch lebhaft. Eltern sollten zuhören und nachfragen, erzählen und erklären. Gibt es einmal kein Thema, lassen Sie das zu. Nach kurzer Stille fällt Ihrem Kind vielleicht etwas ein, das es mitteilen möchte.
- **Wählen Sie Themen, die alle interessieren.** Überlegen Sie, womit sich Ihre Familie beschäftigt. Ihr Kind kann sich bei Erwachsenenthemen ausgeschlossen fühlen. Diese können Sie mit Ihrem Partner zu einem anderen Zeitpunkt besprechen.
- **Helfen Sie Ihrem Kind stets,** Anmut, Höflichkeit und Manieren einzuüben (siehe S. 61). Ermuntern Sie, statt zu schimpfen oder zu tadeln. Zeigen Sie Ihrem Kind, wie man anständig isst, am Tisch sitzt, Sachen weiterreicht und zuhört, ohne zu unterbrechen. Lehren Sie Ihr Kind Rücksicht, z. B. indem es sich nur seinen Anteil nimmt, und erklären Sie, wie es höflich fragen

kann, ob es aufstehen darf, wenn ihm Gespräche zu lange dauern.

- **Wenn Ihr Kind Theater spielt** oder ein Gedicht auswendig lernt, möchte es vielleicht einige Zeilen rezitieren. Kurze Texte zu lernen und sich einzuprägen ist nach Montessori eine sinnvolle Übung. Oft haben wir selbst noch Gedichtzeilen im Kopf, die wir als Kinder gelernt haben und die uns etwas bedeuten. Machen Sie daraus ein Spiel, und beobachten Sie, ob Ihr Kind es mag oder lieber vermeiden würde.
- **In den wärmeren Monaten** können Sie nach dem Abendessen rausgehen, um Ihrem Kind die Natur nahezubringen und die positive Familienzeit zu verlängern. Idealerweise bleiben die Handys im Haus. Beobachten Sie den Sonnenuntergang, sammeln Sie Blätter, spielen Sie Fangen, spüren Sie die Abendbrise oder unterhalten Sie sich einfach nur leise.

Ältere Kinder spielen bei den Mahlzeiten eine aktive Rolle, nehmen sich Essen und sorgen dafür, dass die anderen haben, was sie brauchen.

STRATEGIEN FÜR DEN ALLTAG

NATÜRLICHE KONSEQUENZEN

Wir Eltern möchten unseren Kindern Fehler mit ihren unvermeidlichen Folgen oft gern ersparen. Schützen wir unsere Kinder jedoch vor Fehlern, enthalten wir ihnen wertvolle Lektionen vor, die das Leben erteilt.

Ein traditionelles Vorgehen in der Kindererziehung besteht darin, Kinder schulmeisterlich zu belehren und für vermeintliches Fehlverhalten zu bestrafen, wobei man ihnen manchmal nur eine Verhaltensweise gestattet. Meistens führt dieses Vorgehen jedoch dazu, dass die Kinder schließlich das Gefühl haben, ihre Eltern zu enttäuschen. Wenn sie sich aufgrund von Bestrafung schlecht fühlen, reagieren die Kinder nicht damit, dass sie über ihr Verhalten nachdenken und es verbessern.

Kinder lernen am besten durch natürliche Konsequenzen, weil die Folgen ihres Verhaltens in vielen Alltagssituationen für sich selbst sprechen. Wenn Eltern nicht eingreifen, sondern ihre Kinder die Folgen ihres Tuns erfahren lassen, lernen diese eine Lektion oft besser. In einem Montessori-Zuhause nutzen Eltern häufig natürliche Konsequenzen, statt ihre Kinder zu bestrafen oder vor den Lektionen des Lebens zu bewahren. Auf S. 84–85 finden Sie Tipps, wie Sie dabei verfahren.

“ ”

Kinder lernen Lektionen des Lebens eher, wenn sie die Konsequenzen ihres Tuns selbst erfahren.

UNSERE GESCHICHTE

Jasmine, meine dreieinhalbjährige Tochter, entscheidet am liebsten alles selbst. An einem kühlen Morgen zogen wir uns an. Wir hatten nichts Besonderes vor – wir wollten nur im Garten und am Haus sein. Als ich sie bat, sich wärmer anzuziehen, um draußen nicht zu frieren, tanzte sie davon und sang, »Nein, nein, nein, ich mag diese Sachen nicht tragen! Oh nein, nein, nein.«

Ich wusste, dass sie frieren würde. Aber anstatt ihr zu verbieten, ohne warme Jacke rauszugehen, überlegte ich, dass die natürliche Konsequenz in diesem Fall eine viel lehrreichere Lektion wäre. Sie zog ihre Gummistiefel an und ging ohne Jacke raus. Schon bald, nachdem sie angefangen hatte, in ihrer »Schlammküche« zu spielen, drehte sie sich um und fragte: »Mama, wo ist das heiße Ding aus dem Kessel?« Ich sah sie an und unterdrückte ein Lächeln. »Meinst du die Wärmflasche?«, fragte ich. »Ja«, antwortete sie, »ich glaube, ich brauche sie. Meine Hände sind kalt und ich zittere. Ich möchte meine Jacke anziehen.«

Mein Lächeln wurde breiter – ich war so stolz. Die natürliche Konsequenz hatte so gut funktioniert, und das Beste war, dass ein Konflikt vermieden und ihre Gefühle nicht verletzt wurden, weil ich nicht darauf bestanden hatte, dass sie gegen ihren Willen ihre Jacke anzog. »Gut«, sagte ich, »lass uns reingehen; ich hole die Wärmflasche und du ziehst deine Jacke an.« Sie schaute zu mir auf, die kleinen kalten Hände von sich weggestreckt, lächelte und sagte: »Danke, Mama.«

Chaneen (@chaneensaliee), Mutter von Jasmine, 3 Jahre, und Ocean, 1 Jahr

NATÜRLICHE KONSEQUENZEN IN DER PRAXIS

Lassen Sie die Folgen für sich sprechen

Achten Sie darauf, dass die Konsequenz Ihr Kind die Lektion lehrt und nicht Sie das tun. Widerstehen Sie der Versuchung, Ihr Kind im Voraus darauf hinzuweisen, welche Folge etwas hat – z. B.: »Wenn du deine Brotbox vergisst, wirst du sehr hungrig sein.« Das macht die Erfahrung wirkungslos.

Beschämen Sie Ihr Kind nicht

Wenn Ihr Kind die Erfahrung einer natürlichen Konsequenz gemacht hat, beschämen Sie es nicht, indem Sie z. B. sagen: »Ich habe dir ja gesagt, du wirst hungrig sein, wenn du die Brotbox vergisst. Hättest du sie mitgenommen, wäre das nicht passiert.« Ihr Kind ist sich der Folge sehr wohl bewusst.

Übertragen Sie Ihrem Kind Verantwortung für bestimmte Aufgaben und Handlungen, kann es durch natürliche Konsequenzen lernen.

“ ”

Eine natürliche Konsequenz spricht für sich. Eine Strafe oder Belehrung ist unnötig.

Retten Sie Ihr Kind nicht

Vermeiden Sie es, das Problem Ihres Kindes zu lösen, indem Sie ihm z. B. die Verpflegung in die Schule bringen. Lassen Sie die natürliche Konsequenz zu, lernt Ihr Kind, sein Problem zu lösen und weniger vergesslich zu sein, statt sich auf Sie zu verlassen. Ein Kind, dessen Eltern immer an alles denken, denkt selbst nicht mit.

Strafen Sie nicht

Bestrafen Sie Ihr Kind nicht nach einer natürlichen Konsequenz. Die Konsequenz reicht als Lektion aus. Wenn Ihr Kind z. B. am Abend nicht rechtzeitig bettfertig wird, bedeutet das natürlich, dass es nun zu spät ist, um noch eine Gute-Nacht-Geschichte vorzulesen. Eine zusätzliche Strafe – »Jetzt gibt es einen Monat lang keine Gute-Nacht-Geschichten!« – wird Ihr Kind höchstwahrscheinlich frustrieren und dazu führen, dass es sich widerspenstig verhält.

Wann diese Strategie nicht angebracht ist

In folgenden Fällen sollte keinesfalls auf die natürliche Konsequenz gesetzt werden.

Wenn Ihr Kind gefährdet ist. So würden Sie z. B. Ihr kleines Kind nicht an eine heiße Herdplatte lassen, damit es lernt, sie nicht zu berühren.

Wenn Handlung und Folge zu weit auseinanderliegen. Wenn Ihr Kind z. B. dafür zuständig ist, eine Zimmerpflanze zu gießen, und dies vergisst, erwarten Sie nicht, dass es automatisch den Zusammenhang sieht, wenn die Pflanze zwei Wochen später stirbt.

Wenn Eigentum oder Personen geschädigt werden. Ihr Kind lernt zwar, im Haus nicht Ball zu spielen, wenn dabei etwas kaputt geht oder jemand verletzt wird, aber auf Kosten Ihrer Möbel oder von Personen.

Wenn Ihrem Kind das Ergebnis gleichgültig ist. Wenn Sie z. B. wollen, dass Ihr Kind etwas hungrig wird, weil es Ihrer Aufforderung, zum Essen zu kommen, nicht Folge leistet, funktioniert das nicht, wenn es gerade einen großen Snack gegessen hat.

MORGENS AUFBRECHEN

Der morgendliche Aufbruch ist für Ihr Kind ein Übergang im Tagesablauf, ob es zur Tagesmutter, in den Kindergarten oder in die Schule geht. Erfolgt dieser gut organisiert, pünktlich und positiv, wird Ihr Kind voller Selbstvertrauen in den Tag starten.

Pünktlichkeit ist wichtig

Sich jeden Tag fertig zu machen (siehe S. 74–77), das Haus pünktlich zu verlassen, um zur Kita oder zu Schule zu gehen, und einen Weg zurückzulegen, all das lehrt Ihr Kind wertvolle Lektionen fürs Leben. Es lernt, sich von Ihnen zu trennen, auf seine Sicherheit zu achten, selbstständiger zu werden und Verantwortung zu übernehmen.

Pünktlichkeit ist eine wichtige Eigenschaft. Ihr Kind erwirbt sie, indem es rechtzeitig zur Kita oder Schule kommt – nachdem es seine Morgenroutine mit Ihrer Hilfe bewältigt hat – und lernt, dass Sie es jeden Tag zur richtigen Zeit abholen. Pünktlich anzukommen und abgeholt zu werden und zu wissen, wer es abholt, schenkt Ihrem Kind emotionale Geborgenheit und Vertrauen.

Alter und Entwicklung

18 Monate–6 Jahre
Helfen Sie Ihrem Kind bei Aufgaben wie dem Anziehen von Kleidung und Schuhen, dem Einpacken von z. B. Verpflegung. Lehren Sie es, zunehmend selbstständig zu werden und für sich selbst zu sorgen.

6–12 Jahre
Jetzt beherrscht Ihr Kind praktische Fähigkeiten. Übertragen Sie ihm mehr Verantwortung für seine Selbstorganisation.

12–18 Jahre
Wenn Teenager Freunde, Aktivitäten und ihr Sozialleben im Kopf haben, können sie chaotisch sein und an Details wenig Interesse zeigen. Bieten Sie bei Bedarf erneut Unterstützung, um sie auf Kurs zu halten.

Der Transportweg

Der Weg zur Kita oder Schule ermöglicht wunderbare Momente – z. B. ein schönes Gespräch; fahren Sie Auto, kann Ihr Kind ein Buch anschauen; gehen Sie zu Fuß, gibt es vielleicht den Sonnenaufgang oder Pflanzen und Tiere zu entdecken.

Vielleicht müssen Sie aber auch Stresssituationen bewältigen. Um diesen vorzubeugen, können Sie Kindern Aufgaben zuweisen. Wenn sich Ihr Kind z. B. gegen den Sicherheitsgurt wehrt, können Sie ihm auftragen, dafür zu sorgen, dass alle angeschnallt sind, auch es selbst. Erhält es diese Verantwortung, versteht es eventuell besser, wie wichtig dieser Schritt ist.

Geraten Geschwister unterwegs in Streit, halten Sie wenn möglich an und erklären, dass Sie nur weiterfahren, wenn sie sich ruhig und respektvoll verhalten.

Ein positiver Start in den Tag

Manche Kinder verspüren Trennungsangst, wenn sie in der Kita oder der Schule abgesetzt werden. Das ist in der frühen Entwicklung normal. Auch größere Kinder können Ängste verspüren, wenn sie die Schule wechseln, mit einer neuen Aktivität beginnen, ein Test ansteht oder sie mit einem Gleichaltrigen im Konflikt liegen. Folgende Strategien können helfen:

- **Besuchen Sie mit Ihrem Kind** die neue Tagesmutter, den Kindergarten oder die Schule, bevor es dort anfängt, damit es die neue Umgebung sieht und die Betreuer und andere Kinder kennenlernen kann. Wenn möglich, vereinbaren Sie einen Spieltermin mit einer anderen Familie, damit Ihr Kind von Anfang an jemanden kennt.
- **Seien Sie ehrlich** zu Ihrem Kleinkind, um Vertrauen aufzubauen. Wenn Sie gehen, geben Sie ihm einen positiven Ausblick auf seinen Tag, sagen, wohin Sie gehen und wann Sie zurückkommen und verabschieden sich kurz.
- **Ist Ihr Kind größer,** besprechen Sie, wo und wann Sie sich verabschieden, ob am Schultor, unterwegs oder zu Hause. Verabschieden Sie Ihr Kind voller Zuversicht, um sein Vertrauen in seine Fähigkeiten zu stärken.
- **Ihr Kind kann Ängste verspüren,** wenn es in eine weiterführende Schule kommt. Ermutigen Sie es, seine Sorgen mit Ihnen zu teilen. Hören Sie zu, ohne Lösungen oder Mitgefühl anzubieten. Mit Ihrem Kind zu sprechen hilft ihm, selbst Lösungen zu finden. Wenn es um Rat bittet, machen Sie Vorschläge in Frageform, z. B.: »Wie wäre es wohl, wenn du deinem neuen Freund erzählen würdest, wie du dich fühlst?« Ihr Kind braucht ein offenes Ohr, einen Rat, wenn es darum bittet, und Anleitung zu Gefahrenvermeidung und richtigem Verhalten. Darüber hinaus kann es aus eigenen Fehlern lernen.

Wenn Ihr Kind schon am Vorabend seine Sachen packt, lernt es, gut mit seiner Zeit umzugehen.

FREIZEIT UND WOCHENENDE: KLEINE KINDER

Für ein Kind von 18 Monaten sollten alle Tage ähnlich strukturiert sein, um ihm Beständigkeit zu bieten. Halten Sie die Essens- und Schlafenszeiten mittags und abends möglichst auch am Wochenende ein. Je älter die Kinder sind, desto besser kommen sie am Wochenende mit einem flexibleren Tagesablauf zurecht.

Familienzeit

Solange Ihr Kind noch klein ist, verläuft das Familienleben an den Wochenenden und in den Ferien wahrscheinlich eher ruhig. Die Freizeit ermöglicht Ihnen jedoch Aktivitäten mit der Familie, zu Hause und unterwegs, bei denen Sie Ihr Kind mit neuen Erfahrungen und Menschen bekannt machen können. In diesen

Aufgaben gemeinsam auszuführen stärkt den familiären Zusammenhalt.

prägenden Jahren lernt Ihr Kind weitere Familienmitglieder und Freunde kennen und bildet dauerhafte Bindungen, z. B. zu den Großeltern.

Natürliche Aktivitäten

In den ersten Jahren können Ihre Freizeitaktivitäten mit Ihrem Kind seine körperliche, soziale und emotionale Entwicklung unterstützen und ihm wichtige Lebenskompetenzen beibringen. Das sind Aktivitäten, die die Hand-Auge-Koordination und die Entwicklung des Gehirns unterstützen sowie kooperative Aktivitäten, die soziale Fähigkeiten und starke Familienbande aufbauen.

- **Ihr Kleinkind** entwickelt Kraft und Koordination. Regen Sie Aktivitäten an, die Kontrolle über die großen Muskeln, Gleichgewicht und Muskeltonus entwickeln und Freude an der Bewegung vermitteln. Tanzen Sie gemeinsam zu Musik, schnell oder langsam, singen Sie oder üben Sie Yoga. Sie können Fuß vor Fuß gehen – die Ferse vor die Zehen setzen – und dabei einen Gegenstand tragen, was oft in Montessori-Schulen praktiziert wird, oder Ihr Kind spiegeln, wenn es Beine oder Hände bewegt, oder umgekehrt. Oder Sie bauen im Haus oder draußen einen Hindernisparcours.

Ruhezeit

Kleine Kinder sind von Natur aus aktiv. Es ist wichtig, in ihrer freien Zeit aktive Phasen durch ruhige Aktivitäten auszugleichen, bei denen Sie z. B. gemeinsam Musik hören oder eine Geschichte erzählen, ähnlich wie Sie es an Wochentagen tun.

Sehen Sie auch Zeiten vor, in denen sich Ihr Kind selbst beschäftigt. Es kann in Ihrer Nähe ruhig etwas tun, während Sie sich anderen Dingen widmen. Das gibt Ihnen nicht nur Zeit, eigene Aufgaben zu erledigen oder Ihren Interessen nachzugehen, sondern ermöglicht Ihrem Kind auch zu lernen, selbst Entscheidungen zu treffen.

- **Nehmen Sie sich Zeit,** Ihr Kind an Ihren Projekten zu beteiligen. Holzarbeiten fördern die Hand-Auge-Koordination. Ab etwa vier Jahren können Kinder mit einer Schutzbrille unter Aufsicht Kinderwerkzeug wie einen Hammer und eine kleine Säge benutzen.
- **Nutzen Sie die Zeit** an den Wochenenden, um mit Ihrem Kind zu kochen oder zu backen, z. B. gemeinsam eine Suppe, Pizza oder Plätzchen zuzubereiten, ist ideal für Eltern und kleine Kinder. Zeigen Sie Ihren Kindern einfache Zubereitungs- und Backtechniken.
- **Planen Sie Familienaktivitäten,** etwa Laub wegräumen, einen Spaziergang oder gemeinsame kreative Projekte.

FREIZEIT UND WOCHENENDE: GRÖSSERE KINDER

Wenn Ihr Kind aus dem Kleinkindalter herauswächst, werden sich die Freizeit, die Wochenenden und die Ferien Ihrer Familie entsprechend den Interessen, Bedürfnissen und der Unabhängigkeit Ihres Kindes verändern. Nun gilt es, Ihre gemeinsame Zeit und die zahlreicher werdenden Interessen Ihres Kindes ins Gleichgewicht zu bringen.

Außerschulische Aktivitäten sind ein großartiges Ventil und bringen Kindern bei, ihre Zeit sinnvoll zu planen.

Alles miteinander vereinbaren

Ihr größeres Kind wird zunehmend durch Aktivitäten nach der Schule und am Wochenende und Treffen mit Freunden, zumeist außer Haus, beansprucht. Verplanen Sie die Freizeit jetzt nicht zu sehr, da sonst alle überfordert sind. Verbringen Sie Zeit mit Ihrem Kind, indem Sie bei seinen Aktivitäten zuschauen oder mitmachen und gemeinsam Ausflüge unternehmen. Bedenken Sie, dass jedes Familienmitglied Zeit zum Entspannen, für Hausarbeit und für seine Interessen benötigt.

Familiendiskussion

Im Interesse von Vereinbarkeit und gegenseitigem Verständnis besprechen Sie bei Familientreffen, ob sich neue Aktivitäten in bestehende Pläne einfügen und wie sie sich auf jeden einzelnen auswirken. Berücksichtigen Sie, was für alle wichtig ist: Wofür haben wir Zeit, wie viel kostet es, passt das in unser Budget? So lernt Ihr Kind, an andere zu denken, zu entscheiden, was ihm wirklich wichtig ist, und zu verstehen, wie viel in die Entscheidung über seine Aktivitäten einfließt.

- **Beziehen Sie Ihr Kind** vollständig in die Auswahl seiner außerschulischen Aktivitäten ein. Sprechen Sie über die Kosten, die Fahrtzeit, ob eine neue Aktivität mit familiären Verpflichtun-

UNSERE GESCHICHTE

Da wir vier Kinder haben und in Schule, Kirche und Nachbarschaft einen aktiven Beitrag leisten, der überall mit zusätzlichen Aktivitäten verbunden ist, merkten wir, dass unser Leben geschäftiger wurde als gut für uns war.

Meine Frau und ich beschlossen, jede Woche für die Familie extra Zeit vorzusehen. Der Samstag wurde zum Familientag, den wir zusammen verbringen, hauptsächlich zu Hause, mit Fahrradtouren, Spaziergängen, Bücher lesen, Spielen, Kochen, Backen und Essen. Gelegentlich machen wir Ausflüge in einen Zoo, ein Restaurant oder an einen anderen Ort, der uns allen gefällt. Den Sonntag nach der Kirche betrachten wir als Ruhetag, an dem wir aber auch notwendige Hausarbeiten erledigen. Ausnahmen machen wir für Besuch von auswärts oder besondere Feiern und Zusammenkünfte.

David, Vater von Eden, 10 Jahre, Eli, 8 Jahre, Ewan, 6 Jahre, und Ethan, 4 Jahre

gen kollidiert und wie viel Zeit von jedem Familienmitglied sie fordert.

- **Auch Aktivitäten oder Kurse,** die für Sie nicht verhandelbar sind, die z. B. mit Bildung, Glauben oder Kultur zu tun haben, sollten Sie offen mit Ihrem Kind besprechen, damit es versteht, warum Sie Wert darauf legen.
- **Legen Sie Grenzen fest,** z. B. wenn Sie Aktivitäten für gefährlich halten. Grenzen können Ihrem Kind auch beibringen, Verpflichtungen einzuhalten. Möchte Ihr Kind etwa Musikunterricht haben, verpflichten Sie es für eine Mindestdauer, damit es nicht schon kurze Zeit später wieder aufhört.

Besonders für Teenager sind diese Diskussionen wichtig. Sie wollen sich von den Eltern abgrenzen und sich als eigenständige Individuen wahrnehmen. Reden und Diskutieren hält die Kommunikation offen und fördert das Verständnis. Jugendliche müssen entscheiden dürfen, aber die Eltern müssen alle Konsequenzen aufzeigen. Einem uneinsichtigen Teenager müssen Eltern auch mal erlauben, die Konsequenzen einer unklugen Entscheidung zu erfahren.

BILDSCHIRMZEIT REGELN: KLEINE KINDER

Sprechen Sie bald nach der Geburt Ihres Kindes mit Ihrem Erziehungspartner darüber, wie viel Bildschirmzeit Sie Ihrem Kind erlauben möchten. Überprüfen Sie auch Ihre eigenen Gewohnheiten im Hinblick darauf, dass Sie für Ihr Kind Vorbild sind. Überlegen Sie sich einige Bildschirmregeln für die ganze Familie (siehe S. 96).

Was Ihr Kind beeinflusst

Die Werte und das Weltwissen von Kindern werden traditionell von fünf kulturellen Einflüssen geprägt: Zuhause, Schule, Jugendgruppen und -aktivitäten, religiösen Organisationen und Gleichaltrigen. Auch das Fernsehen buhlt um die Aufmerksamkeit der Kinder, und heute kommen Spiele und Apps auf digitalen Geräten und Konsolen, soziale Medien und Online-Videos hinzu, die eine sechste, unglaublich einflussreiche Kultur darstellen, die viele Eltern kaum kennen und kontrollieren können. Die direkte Kommunikation fällt ihr zunehmend zum Opfer, da selbst kleine Kinder schon stumm in digitale Geräte vertieft sind.

Arten des Lernens

Geschicktes Marketing versucht Eltern davon zu überzeugen, dass Babys und kleine Kinder mit Technik schneller lernen. Studien deuten jedoch darauf hin, dass sie am besten durch die Interaktion mit handgreiflichen, dreidimensionalen Materialien, aus realen Erfahrungen und von anderen Menschen lernen. Montessori schrieb über Kinder unter sechs

Nutzen Sie digitale Medien mit Ihrem Kind gemeinsam, wird diese Erfahrung für Sie beide zu einem positiven Erlebnis.

Jahren: »Nichts ist im Verstand, was nicht vorher in den Sinnen war.« Heute bestätigt die Hirnforschung dieses grundlegende Prinzip. Der physische Akt des Abzählens von Gabeln und Messern, das Einschenken von Saft oder das Legen eines Puzzles bietet kleinen Kindern eine solidere Lernerfahrung als die Interaktion mit einem zweidimensionalen Bildschirm mittels eines Fingers oder einer Maus.

Ausgewogener Ansatz

Wenn Sie glauben, dass bestimmte digitale Medien, Apps und Fernsehsendungen Ihrem Kind einen gewissen Wert bieten, beschränken Sie die Bildschirmzeit auf ein Minimum und nutzen Sie sie als gemeinsame Zeit, z. B. indem Sie aneinandergekuschelt ein E-Book lesen oder eine Kindersendung anschauen.

Vermeiden Sie es, Ihr Kind mit digitalen Geräten ruhigzustellen oder zu beschäftigen, während Sie etwas erledigen müssen. Das könnte zur Folge haben, dass es Zuflucht bei der Technik und nicht bei Menschen sucht, wenn es Trost und Fürsorge benötigt.

Seien Sie sich auch darüber im Klaren, dass digitale Geräte die Fähigkeit Ihres Kindes, sich mit Aufgaben zu beschäftigen, langfristig beeinträchtigen können. Studien zeigen, dass Kinder, die im Alter von ein bis drei Jahren täglich digitalen Geräten und Fernsehern ausgesetzt waren, in der Schule später öfter Konzentrationsprobleme haben. Kinder und Erwachsene können bei übermäßiger Bildschirmnutzung Suchtsymptome und Schlafstörungen entwickeln. Mäßigung und Ausgleich bei der Nutzung digitaler Geräte ist für glückliche, gesunde Beziehungen, erfolgreiches Lernen und positives Verhalten von zentraler Bedeutung.

Empfehlungen für die Nutzung digitaler Medien

Folgende Richtlinien helfen Ihnen, die Bildschirmzeit Ihres Kindes zu regulieren:

- Von der Geburt bis zu zwei Jahren sollten Sie die Bildschirmzeit auf ein Minimum beschränken, falls möglich vollständig vermeiden, bei Drei- bis Sechsjährigen auf ein bis zwei Stunden pro Tag begrenzen. Rechnen Sie dabei andere Geräte im Umfeld Ihres Kindes mit ein, da Kleinkinder alle Umgebungsreize aufnehmen.
- Prüfen Sie die digitalen Medien genau, bevor Sie sie Ihr Kind nutzen lassen. Sehen Sie sich Sendungen und Spiele an und beurteilen Sie, ob sie angemessen sind.
- Verbringen Sie bildschirmfreie Zeit mit Ihrem Kind.
- Betrachten Sie digitale Geräte als Werkzeug, nicht als Spielzeug, besonders bei Kindern unter sechs Jahren.
- Treffen Sie mit anderen, die sich um Ihr Kind kümmern, Absprachen über die Nutzung von Technik in Anwesenheit und mit Ihrem Kind.

BILDSCHIRMZEIT REGELN: GRÖSSERE KINDER

Von den Grundschuljahren bis hin zur Pubertät können digitale Geräte und Medien Ihrem Kind eine nützliche Hilfe sein, z. B. um ein Thema zu recherchieren, und Spiele und Videos können gute Unterhaltung bieten. Die grenzenlose Nutzung digitaler Geräte ungeachtet der Qualität des Materials kann jedoch problematisch sein.

Gesundes Gleichgewicht

Wenn Ihr Kind größer wird, benötigt es eventuell einen Computer oder ein Tablet für die Schule. Vereinbaren Sie, wie viel Freizeit Ihr Kind daran verbringen darf. Klären Sie bei Ihren Familientreffen, wie sich ein Gleichgewicht zwischen sitzenden, körperlichen und interaktiven Aktivitäten herstellen lässt. Hausregeln (siehe S. 96) können hier helfen.

Die Risiken der Bildschirmzeit

Kinder und Erwachsene verlieren leicht das Zeit- und Realitätsgefühl, wenn sie auf einen Bildschirm schauen, ob beim passiven Konsum von Inhalten, der wenig Anstrengung erfordert, in den sozialen Medien oder bei Spielen, die Suchtfaktor haben. Seien Sie sich bewusst, dass Sie Vorbild sind, und vermeiden Sie möglichst, selbst von Ihrem Gerät absorbiert zu sein, wenn Sie mit der Familie zusammen sind.

Sie werden ständig entscheiden müssen, was Sie zu Hause zulassen. Überlegen Sie genau, wie viel Gewalt Ihr Kind sehen darf, von nachgestellten Morden über Schlägereien und Unfällen bis hin zu Explosionen. Die Werte und Problemlösungen in Kindermedien unterscheiden sich oft stark von denen einer Montessori-Familie.

Gute Medienangebote

Einige Leitlinien ermöglichen Ihnen, Sendungen auszuwählen, die das Weltwissen Ihres Kindes vergrößern, seine Achtsamkeit, Neugier und Vorstellungskraft anregen und Ihre Werte hoffentlich bestärken.

- **Dokumentarfilme** – über Natur, Wissenschaft, Geschichte, Weltraum oder Technik – können lehrreich, informativ und auch altersspezifisch sein. Ziehen Sie »pädagogischen« Kindersendungen, die auf Auswendiglernen setzen, solche vor, die das Verständnis von Konzepten oder Ideen fördern.
- **Wählen Sie Filme** mit fesselnden Geschichten und fiktiven oder realen Charakteren aus, oder solche, die eine Zeit bzw. ein Ereignis aus der Geschichte präsentieren. Montessori zufolge sollten Kinder nur

begrenzt nicht-realistische, fantastische Geschichten sehen, auch wenn sie positiv und unterhaltsam sind, sondern solche, die Respekt und Freundlichkeit zeigen und eine positive, realistische Botschaft transportieren.

- **Meiden Sie Inhalte,** die irreführen, Sarkasmus und Spott enthalten, unter Humor verstehen, eine Figur bloßzustellen oder zu verletzen, oder die Ihre Familienwerte, Kinder zu Fürsprechern von Gerechtigkeit, Freundlichkeit, Mitgefühl und friedlicher Konfliktlösung zu machen, untergraben.
- **Suchen Sie gute Inhalte.** Recherchieren Sie Spiele, Filme und Serien in familientauglichen Online-Ratgebern und prüfen Sie, ob sie altersgerecht sind. Achten Sie wie beim Lesestoff auf hochwertige Inhalte. Suchen Sie Videos aus, die unterhaltsam, klar und präzise sind, weder Grausamkeit oder Gewalt verherrlichen noch sexuelle Situationen enthalten, die Ihnen oder Ihrem Kind unangenehm sein könnten.
- **Erklären Sie Ihrem Kind** bei einem Familientreffen, warum Ihre Familienwerte in Bezug auf digitale Inhalte denen der Familie eines Freundes eventuell widersprechen.

Mit Kindern Sendungen anzuschauen, die Ihren Familienwerten entsprechen, ist eine schöne Weise, positive Botschaften zu vermitteln.

HAUSREGELN FÜR BILDSCHIRMZEIT

Machen Sie es sich zur Priorität, möglichst frühzeitig einen Konsens über die Nutzung digitaler Geräte und Medien für verschiedene Altersstufen zu erzielen. Streben Sie ein Gleichgewicht zwischen der Nutzung digitaler Medien und einem Familienleben entsprechend Ihren Werten an.

Wozu Hausregeln

Es ist wichtig, dass Sie Regeln für die digitalen Geräte und Medien festlegen, die Sie Ihrem Kind erlauben. Solange Kinder noch klein sind, sind Regeln einfach einzuführen. Größere Kinder werden sie hinterfragen und diskutieren, ob sie notwendig sind. Daher ist es wichtig, dass Ihre Hausregeln sinnvoll sind und befolgt werden. Während sie dem Alter Ihres Kindes angepasst werden, sollten sie stets Ihre Familienwerte widerspiegeln, fair sein und konsequent eingehalten werden. Sie sollten ausdrücken, dass die Bildschirmzeit nicht negativ ist, aber die familiären Beziehungen und die Ausübung der Pflichten nicht beeinträchtigen darf. Setzen Sie alle, die sich um Ihr Kind kümmern, wie Großeltern, Freunde oder Babysitter, von diesen Regeln in Kenntnis.

Familienzeit ohne digitale Ablenkungen zeigt Kindern, wie man Aktivitäten ins Gleichgewicht bringt.

Leben Sie als gutes Vorbild Ihre Hausregeln für digitale Geräte und Medien vor:

- **Benutzen Sie Ihr Smartphone nicht,** wenn Sie Ihr Kind wegbringen und abholen, und telefonieren Sie nicht unnötig, wenn Sie mit ihm unterwegs sind.
- **Besprechen Sie Regeln** zur Internetsicherheit, und helfen Ihrem Kind so, sich vor potenziellen Gefahren zu schützen.
- **Vermeiden Sie digitale Geräte** in Kinder- und Schlafzimmer. Sie können den Schlaf stören, Kinder unerwünschten Inhalten aussetzen und die direkte Interaktion mit anderen stören.
- **Regulieren Sie** mit Kindersicherungssoftware die Bildschirmzeit und den Zugang zu unerwünschten Inhalten.
- **Legen Sie eine medienfreie** Familienzeit fest zum Lesen, Spielen, für Mahlzeiten, Schlafengehen und Ausflüge.
- **Sorgen Sie dafür, dass Ihr Kind** täglich genauso viel Zeit mit Lesen, Bewegung und Spielen verbringt wie am Handy.
- **Für gebrochene Regeln** gelten Konsequenzen, die vernünftig, respektvoll, verantwortungsvoll und angemessen sind.
- **Seien Sie darüber informiert,** was Ihr Kind sieht und hört, und sprechen Sie mit ihm darüber.

Soziale Medien sicher nutzen

Lassen Sie sich von Ihren Familienwerten leiten, wenn Sie mit Ihrem Kind über den sicheren und überlegten Umgang mit den sozialen Medien sprechen, und überlegen Sie auch, wie Sie selbst sie nutzen.

- Erklären Sie Ihrem Kind, dass es gut überlegen sollte, bevor es Fotos oder Videos online stellt. Könnten diese es eines Tages in Verlegenheit bringen oder die Privatsphäre der Familie gefährden? Handeln auch Sie nach diesem Prinzip, bevor Sie Bilder von Ihrem Kind veröffentlichen.
- Seien Sie vorsichtig mit Textnachrichten. Diese lassen zwei wichtige Aspekte der Kommunikation außer Acht: Man kann den Empfänger nicht sehen und seinen Tonfall nicht hören. Nachrichten, die Emotionen ausdrücken, können daher leicht falsch verstanden werden. Schlagen Sie Ihrem Kind deshalb vor, nur Nachrichten zu schreiben, die Fakten enthalten, und Mitteilungen mit Emotionen für ein persönliches Gespräch aufzusparen.
- Sprechen Sie über Risiken, wie z. B. den Suchtfaktor sozialer Medien; die Gefahr, gemeine Kommentare zu verfassen oder zu erhalten, was in Online-Mobbing ausarten kann; das Leben als aufregender darzustellen, als es tatsächlich ist; und das Risiko, mit einem Fremden zu kommunizieren, der eine Gefahr darstellen könnte.
- Vermeiden Sie »Helikopter-Elternschaft«. Technik kann nützlich sein, aber auch dazu führen, dass Eltern zu viel mit ihren Kindern kommunizieren und sie kontrollieren. Kinder können so Lebenskompetenzen nicht allein einüben, wie etwa Problemlösung und Merkfähigkeit, die ihnen das Selbstvertrauen geben, für sich sorgen zu können, und ihnen helfen, Autonomie zu entwickeln.

SCHLAFENSZEIT: KLEINE KINDER

Der Schlaf von Babys und Kleinkindern ist ein viel diskutiertes Thema, in das die Überzeugungen, die Kultur und die Werte einer Familie einfließen. In einer Montessori-Familie sind die Eltern bestrebt, die Kinder zu Eigenständigkeit zu erziehen, auch beim Schlafengehen. Statt strenger Regeln lernen die Kinder, allein zur Ruhe zu kommen und einzuschlafen. Mit sechs Jahren hat sich ihre Einschlafroutine gefestigt.

Eigenständig einschlafen

Die Schlafumgebung Ihres Kindes hilft ihm, selbstständig einschlafen zu lernen.

- Sobald Ihr Kleinkind aus dem Bettchen zu klettern beginnt, senken Sie die Seiten ab, damit es gefahrlos ein- und aussteigen kann. Bald kann es von einem Kinderbett in ein normal großes Einzelbett umziehen.
- Von etwa 18 Monaten bis zum Alter von drei Jahren sorgt ein Türschutzgitter nachts dafür, dass Ihr Kleinkind in seinem Zimmer bleibt. Achten Sie darauf, dass das Zimmer absolut sicher ist, falls es aufwacht und allein ist. Eine sichere Umgebung fördert die Unabhängigkeit.
- Manche kleinen Kinder wünschen sich etwas, das ihnen im Schlaf Geborgenheit schenkt. Ein Nachtlicht und/oder ein Kuscheltier können beruhigend und tröstend wirken.
- Kinder kommen in einem ordentlichen Zimmer mit ihrer Abendroutine meist leichter zur Ruhe (siehe S. 56–57).

Zur Ruhe kommen

Der Übergang vom aktiven Spiel in einen ruhigen, schlafbereiten Zustand kann Ihrem Kind schwerfallen.

Kleine Kinder können durch viel Aktivität um sie herum, Zeit vor oder in der Nähe von Bildschirmen oder Lärm zur Schlafenszeit überstimuliert werden.

Beschäftigen Sie Ihr Kind nach dem Essen mit Dingen, die es beruhigen. Ein warmes Bad, eine Geschichte oder einfach gemütliches Kuscheln im Sessel können Ihr Kind auf den Schlaf vorbereiten. Vorsicht mit Hilfsmitteln oder Handlungen, die Ihr Kind zum Einschlafen bringen sollen, z. B. eine motorisierte Schaukel oder das Wiegen in den Armen. Das kann Ihr Kind zwar beruhigen, es sollte jedoch vor dem Einschlafen im Bett liegen, damit es sich daran gewöhnt, wach hingelegt zu werden und allein einzuschlafen.

Ab etwa drei Jahren kann Ihr Kind aktiver ins Schlafengehen einbezogen werden. Um ihm den Übergang von der Spielzeit zur Schlafenszeit zu erleichtern, kann es sich schon früher bettfertig machen. Nun kommt eine Zeit, auf die es sich vielleicht bald freut, weil es sich ruhig beschäftigt, bevor es ins Bett geht, z. B. mit Ihnen oder allein ein Buch anschaut oder mit seinem Kuscheltier spielt. Im Grundschulalter können Kinder dann irgendwann allein im Bett lesen.

> Die Schlafenszeit ist für Ihr kleines Kind eine Zeit des Übergangs, die eine Entschleunigung erfordert, damit es sich beruhigen kann.

Gewohnheiten wie vor dem Einschlafen ruhig ein Buch anzuschauen, helfen Kindern, sich auf die Nachtruhe einzustimmen.

In den Schlaf begleiten

Wie Sie Ihrem Kind »Gute Nacht« sagen und mit nächtlichem Aufwachen umgehen, beeinflusst stark, ob es sich beruhigt und allein einschläft.

- **Eine beruhigende Routine** kann darin bestehen, dass Sie Ihr Kind zudecken, ihm Gute Nacht sagen und dann flüsternd wiederkommen und das Licht ausschalten, wenn das Kind langsam einschläft. Flüstern schafft eine Intimität, die das Kind mit dem Gefühl einschlafen lässt, geliebt zu werden.
- **Wenn ein Kind im Alter von 18 Monaten bis zwei Jahren** aufwacht, gehen Sie leise in sein Zimmer, nehmen es aber nicht hoch oder zu sich. Warten Sie ein bis zwei Minuten ab, ob es sich beruhigt. Wenn Ihr Kind Hilfe braucht, sprechen Sie einige Minuten sanft mit ihm. Sagen Sie, dass es noch Nacht und Schlafenszeit ist. Wenn Ihr Kind ab etwa drei Jahren schlecht geträumt hat, versichern Sie ihm ruhig, dass Sie es verstehen, Sie aber da sind und es in seinem Zimmer sicher und geborgen ist.

SCHLAFENSZEIT: GRÖSSERE KINDER

In der Grund- und Sekundarschulzeit verändert sich die Einschlafroutine. Helfen Sie Ihrem Kind, sein Zimmer mit Entspannung und Schlafen zu verbinden. Seine Umgebung sollte gute Gewohnheiten fördern und idealerweise verhindern, dass elektronische Geräte Schlaf, Gesundheit und Entwicklung beeinträchtigen.

Die Schlafenszeit anpassen

Grundschulkinder fragen manchmal, ob sie später ins Bett gehen dürfen. Wenn die Pubertät näher rückt, gehen sie zunehmend später schlafen, ungeachtet der Wünsche der Eltern. Die Forschung legt nahe, dass es neurologische Gründe dafür gibt, warum Teenager oft länger aufbleiben. Darüber hinaus gefällt es ihnen vielleicht auch, weil sie es früher nicht durften.

Ihr Ziel ist, dafür zu sorgen, dass Ihr Kind die gesamte Grundschulzeit und Pubertät hindurch genug Schlaf bekommt. Besprechen Sie eine Einschlafroutine, die Ihr Kind zu einer angemessenen Zeit auf die Nachtruhe vorbereitet, und passen Sie diese an, wenn es älter wird. Vor allem Jugendliche wollen nicht von Online-Aktivitäten und Chats in den sozialen Medien ausgeschlossen sein. Finden Sie mit Ihrem Kind einen Weg, damit umzugehen, weisen Sie es darauf hin, dass seine Freunde auch am nächsten Tag wieder gern mit ihm chatten, und machen Sie Vorschläge, wie es sich abends bei seinen Freunden abmelden kann. Loslassen und gute Entscheidungen treffen zu lernen ist eine wertvolle Lektion fürs Leben.

Wie Handy & Co. den Schlaf stört

Bedenken Sie Folgendes, wenn Sie sich fragen, wie sich digitale Geräte auf den Schlaf Ihres Kindes auswirken.

- Driften wir zu blinkenden Lichtern und lauten Geräuschen in den Schlaf ab, wirkt sich das auf unser Gehirn aus. Helle Handybilder oder die Geräusche eines Fernsehers können verhindern, dass wir in die Tiefschlafphase gleiten, die wir zur vollständigen Erholung benötigen.
- Soziale Medien und Online-Spiele können süchtig machen, und im Internet surfen und Filme anschauen kann ein Kind bis spätnachts wach halten.
- Online-Spiele ermöglichen Kindern, in Echtzeit mit Spielern in verschiedenen Zeitzonen zu spielen, die ihnen zudem völlig fremd sind.

Gesunde Einschlafroutine

Eine gute Einschlafroutine ist für Kinder wichtig. Es ist ratsam, als feste Regel digitale Geräte abends aus dem Kinderzimmer zu verbannen, wenn das Kind zur Ruhe kommen soll. Führen Sie dies ein, solange Ihr Kind noch sehr klein ist, andernfalls lässt sich in seinem Kopf nur noch schwer verankern, dass sein Zimmer abends ein Ort zum Ausziehen und Schlafen ist. Sie können auch kaum kontrollieren, was Ihr Kind abends online hinter der geschlossenen Tür anschaut oder tut. Digitale Geräte wirken stark stimulierend, halten das Gehirn wach und erschweren das Einschlafen.

Wenn sich die konsequente Durchsetzung dieser Regel als schwierig erweist, bemühen Sie sich zumindest um eine klare Licht-aus-Regel, die Sie kontrollieren können. Sie könnten festlegen, dass alle digitalen Geräte zu einer bestimmten Uhrzeit ausgeschaltet und aus dem Zimmer gebracht werden und diese Uhrzeit dem Alter Ihres Kindes anpassen.

Schlafexperten empfehlen, sich wie folgt auf den Schlaf vorzubereiten:

- **Dimmen Sie das Schlafzimmerlicht.**
- **Raten Sie Ihrem Kind,** das Bett nur für beruhigende Aktivitäten zu nutzen, die das Einschlafen fördern.
- **Empfehlen Sie größeren Kindern,** vor dem Schlafengehen die Musik auszuschalten oder leiser zu stellen.
- **Ältere Kinder,** die Koffein konsumieren, sollten nach 14 Uhr darauf verzichten.
- **Raten Sie Jugendlichen** bei Schlaflosigkeit, aufzustehen, ohne andere zu wecken, und ruhig etwas Entspannendes zu tun.

“ ”

Die Einschlafroutinen passen sich dem älter werdenden Kind an, sollten aber stets darauf ausgerichtet sein, für ausreichend erholsamen Schlaf zu sorgen.

Handys nachts an einem bestimmten Ort außerhalb der Schlafzimmer aufzubewahren kann eine Familienregel sein.

ZU HAUSE MITHELFEN

Im Familienleben erlernen Kinder die grundlegenden Kompetenzen, die sie befähigen, mit anderen zusammenzuleben und ihre häusliche Umgebung in Ordnung zu halten. Diese Fähigkeiten bilden ein Fundament für den Rest ihres Lebens.

Die Montessori-Pädagogik geht davon aus, dass Kinder lernen, was sie leben – sprich, sie lernen aus ihren täglichen Erfahrungen. Aus den alltäglichen Aufgaben, die im Familienleben anfallen, lernen Kinder, andere Familienmitglieder zu verstehen, wertzuschätzen und mit ihnen zu kooperieren – und somit ein aktives Mitglied der Familiengemeinschaft zu sein. Jeder von uns hat seine eigene Persönlichkeit und seine eigene Art, den Alltag zu bewältigen. Indem Ihr Kind Wege findet, kooperativ zu sein, lernt es, Teil eines Teams zu sein, eine Fähigkeit, die ihm das ganze Leben lang nützen wird – im Studium, im Beruf und wenn es eine eigene Familie gründet.

“ ”

Das Zuhause in Ordnung zu halten ist Teil dessen, was eine Familiengemeinschaft definiert. Jedes Familienmitglied übernimmt Verantwortung für bestimmte Aufgaben.

KOMPETENT FÜRS LEBEN

Wir möchten unseren Kindern vermitteln, dass wir sie lieben, aber auch von ihnen erwarten, dass sie mithelfen. Dadurch lernen sie etwas über Struktur, gemeinsame Verantwortung, aufeinander angewiesen sein, Teamarbeit und viele Fähigkeiten für den Alltag.

Mit Ihrer Unterstützung und Anleitung hilft Ihr Kind bereits im Kleinkindalter gern an Ihrer Seite im Haushalt mit.

Zusammenarbeiten

Ihr Kleinkind hat wahrscheinlich eine andere Vorstellung davon als Sie, wie man etwas erledigt. Zuerst bringen Sie ihm etwas Schritt für Schritt bei. Wenn es einen Fehler macht, zeigen Sie es ihm erneut, ohne es zu beschämen oder zu tadeln, und ermutigen es sanft und nachdrücklich. Beachten Sie Folgendes:

- **Ihr Kind empfindet die Zeit** anders als Sie. Kinder unter sechs Jahren lassen sich oft ablenken, weil sie meistens noch ganz im Moment leben.
- **Ein kleines Kind konzentriert sich** eher auf den Prozess als auf die Fertigstellung einer Aufgabe. Erkennen Sie seinen Beitrag und seine Fortschritte an und dass es Zeit braucht, lebenslange Gewohnheiten zu entwickeln.
- **Ihr Kind muss unabhängig sein** und sich wertgeschätzt fühlen, beides große Motivatoren. Betrachten Sie Hausarbeit nicht als lästig, sondern als Gelegenheit für Ihr Kind, einen sinnvollen Beitrag zu leisten.
- **Besonders kleine Kinder** machen nicht nur mit, um uns glücklich zu machen, sondern um an unserer Seite zu sein. Nutzen Sie dies, um Ihrem Kind in harmonischer Zusammenarbeit Routineaufgaben beizubringen.
- **Ihr größeres Kind** hat vermutlich mehr zu tun für Schule und Freizeit. Erwarten Sie trotzdem von ihm, mitzuhelfen und diese Zeit einzuplanen.

KOCHEN

Am meisten Spaß bei einer Mahlzeit macht die gemeinsame Zubereitung des Essens. Montessori betont, wie wichtig es ist, Kinder möglichst früh, sobald sie dazu fähig sind, sinnvoll am Familienleben teilhaben zu lassen.

Nebeneinander eigenständig zu arbeiten – und einander gegebenenfalls zu helfen – lässt Ihr Kind Vertrauen in seine Fähigkeiten entwickeln.

Anleiten und unterstützen

Sogar sehr kleine Kinder können schon bei der Zubereitung von Essen helfen, wenn sie von Erwachsenen geduldig angeleitet werden und die richtigen Utensilien erhalten. So kann Ihr Kleinkind lernen, eine Mandarine zu schälen oder mit einem Buttermesser eine Banane zu schneiden oder Butter zu verstreichen. Wenn Ihr Kind mit Händen und Fingern geschickter wird, kann es komplexere Kochvorgänge erlernen und Fähigkeiten kombinieren. Im Grundschulalter kann es seine neue Lesefähigkeit nutzen, um einfache Rezepte nachzukochen, und in den weiteren Jahren, wenn es verständiger und geschickter wird, Rezepte mit mehreren Schritten nachkochen, Zutaten verdoppeln oder verdreifachen und eigenständiger arbeiten.

“ ”

Kochen mit Kindern bedeutet Chaos. Sehen Sie dies als Teil des Prozesses und zeigen Sie Ihrem Kind, wie es Arbeitsflächen und Böden wieder säubert.

Vorausplanen

Eine durchdachte Vorbereitung lässt Sie das Kochen mit Ihrem Kind genießen und sich auf den Prozess und das gemeinsame Arbeiten konzentrieren, statt wegen fehlender Zutaten oder Utensilien frustriert zu sein. Ihr Kind kann auch lernen, sich bereit zu machen: Hände waschen, Schürze anlegen und die Haare bedecken oder zurückbinden.

- **Suchen Sie geeignete Utensilien** aus – stumpfe Messer können gefährlicher sein als scharfe – und zeigen Sie, wie man sicher schneidet, reibt und schält.
- **Weisen Sie Ihr Kind darauf hin,** dass es Ofen und Herd nur mit Ihrer Erlaubnis oder Aufsicht benutzen darf.
- **Bereiten Sie die Zutaten vor.** Erklären Sie, dass es wichtig ist, Rezepte zu befolgen und die Zutaten abzumessen, besonders beim Backen. Zeigen Sie auch, wo man kreativ sein kann, z. B. beim Zubereiten von Obstsalat.

Eine vollständige Aufgabe

Montessori lehrt, dass Aufgaben einen Anfang, eine Mitte und ein Ende haben. Putzen ist daher ein wichtiger Teil des Kochens. Parallel dazu schon aufzuräumen lehrt Ihr Kind, methodisch vorzugehen. Die Aufgabe wird kleiner, die Fähigkeiten werden in kleinen Schritten vermittelt und führen dazu, dass Ihr Kind diese Aufgaben verinnerlicht.

Mit einem Buttermesser erlernt schon Ihr Kleinkind gefahrlos, Nahrung klein zu schneiden.

Alter und Entwicklung

18 Monate–6 Jahre

Die Hände sind das erste Werkzeug. Fangen Sie mit Nahrung an, für die Ihr Kind seine Hände nehmen kann, z. B. eine Orange schälen. Bald kann es auch mit einem Buttermesser z. B. Bananen, Sellerie oder Gurken schneiden und Aufstrich auftragen. Bereits ab drei Jahren kann es Sparschäler und Apfelschneider und bald ein scharfes Messer benutzen. Es kann auch Obstsalat zubereiten, nach einfachen Rezepten Plätzchen, Fladenbrot oder Muffins backen.

6–12 Jahre

Ihr Kind ist schon recht geschickt und kreativ. Es kann mehrere Speisen zubereiten und komplexe Geräte wie Küchenmaschine, Mixer und Backofen – unter Aufsicht – benutzen. Es kann Rezepte mit mehreren Schritten lesen und nachkochen und Zutaten durch Rechnen verdoppeln, verdreifachen oder halbieren.

12–18 Jahre

Überlassen Sie Ihrem Kind die Führung – beim Planen des Budgets für ein Essen, Verändern eines Rezepts und Einladen von Gästen. Regen Sie es an, vielfältig zu kochen, von Omeletts über Fisch, gebratenes Gemüse und Suppen bis zu Desserts.

PUTZEN UND AUFGABEN IN DER FAMILIE

Wie bei den täglichen Routinen und anderen familiären Strukturen können Kinder auch schon viel früher bei den täglich anfallenden Aufgaben mithelfen, als die meisten Eltern glauben. Ermutigen Sie Ihr Kind, im Haushalt mitzuhelfen, fördern Sie damit seine Eigenständigkeit.

Wie Ihr Kind helfen kann

Kinder können bereits mit zwei bis drei Jahren beginnen, im Haushalt mitzuhelfen. Wenn die Aufgaben richtig erklärt werden, lernt Ihr Kind nicht nur nützliche Fähigkeiten, sondern begreift auch, dass alle mit anpacken. Kinderbesen und -wischmopp sind für Ihr Kleinkind hilfreiche Utensilien. Es kann aber auch ohne spezielle Ausrüstung mithelfen, z. B. indem es sein Bett macht, schmutzige Kleidung in die Wäsche gibt, saubere zusammenlegt, wischt und abstaubt, Zimmerpflanzen gießt oder in der Küche hilft. Wenn es größer wird, kann es lernen, mit Geräten wie dem Staubsauger oder einem Wischmopp umzugehen, um für Sauberkeit zu sorgen.

Das Kind miteinbeziehen

Überlegen Sie, was Ihr Kind gut kann, wo es gern mithilft und wofür es Interesse zeigt. Statt Ihrem Kleinkind Aufgaben zuzuweisen, organisieren Sie Ihr Zuhause so, dass es gefahrlos und ungehindert an Ihrer Seite arbeiten kann. Räumt es z. B. gern Dinge aus und ein, laden Sie

Alltägliche Aufgaben, wie das Geschirr zu spülen und abzutrocknen, bietet Kindern Gelegenheit, zusammenzuarbeiten und grundlegende Fähigkeiten zu erwerben.

Verantwortung für eine Aufgabe motiviert ein Kind und stärkt sein Selbstvertrauen.

gemeinsam die Wäsche aus der Waschmaschine in den Wäschekorb.

Ein größeres Kind kann den Wunsch äußern, mitzuhelfen. Im Alter von vier bis fünf Jahren können Kinder bereits Routinen für kleine Aufgaben entwickeln. Richten Sie es so ein, dass Ihr Kind Zugriff auf die Putzutensilien hat, und sagen Sie ihm, wie sehr Sie seinen Beitrag schätzen. Vereinbaren Sie für den Anfang einige Aufgaben, die sie routinemäßig gemeinsam machen oder Ihr Kind auch allein ausführt. Wenn es eine Aufgabe beherrscht, genügt eine Erinnerung. Hat es z. B. gelernt, eine Pflanze zu gießen, erinnern Sie Ihr Kind daran, täglich zu prüfen, ob sie Wasser braucht, und erklären, dass zu viel Wasser die Wurzeln ertränkt. Schlagen Sie ihm vor, dass es dafür allein zuständig ist. Sie können auch bei einem Familientreffen eine Liste mit Aufgaben für alle Familienmitglieder erstellen.

Hilft Ihr größeres Kind nur widerwillig, tut es sich eventuell mit einer Aufgabe schwer oder will sie vermeiden. Übertragen Sie ihm Verantwortung dafür. Wenn Ihr Kind z. B. seine schmutzige Kleidung nicht in die Wäsche gibt, machen Sie es zu seiner Aufgabe, dafür zu sorgen, dass alle dies tun. So fühlt es sich kompetent und verantwortlich.

Alter und Entwicklung

18 Monate–6 Jahre
Ihr Kleinkind will dasselbe tun wie Sie und hat Spaß an dem, was wir als Hausarbeit ansehen. Beim Tisch abwischen interessiert es mehr, einen Lappen nass zu machen, zu wischen, den Lappen auszuspülen und den Tisch abzutrocknen, als ob der Tisch sauber ist. Lassen Sie Ihrem Kind die Freude an dem Prozess.

6–12 Jahre
Bringen Sie Ihrem Kind schwierigere Aufgaben bei, wie Staubsaugen, Pfannen putzen oder Auto waschen. Es fühlt sich verantwortlich und beteiligt im eigenen Zuhause.

12–18 Jahre
Teenager möchten oft lieber mit Freunden zusammen sein, lernen oder andere Dinge tun. Nutzen Sie Familientreffen, damit sie die Hausarbeit nicht aus den Augen verlieren, um sich auf das Erwachsenenleben vorzubereiten.

STRATEGIEN FÜR DEN ALLTAG

KONFLIKTE BEILEGEN

Konflikte gehören zum Leben und der Umgang mit ihnen ist ein Lernprozess. Wir haben als Eltern die Aufgabe, unser Kind bei einem Konflikt mit einem Geschwister, Cousin oder Freund zu einer friedlichen Lösung hinzuleiten.

Konflikte friedlich lösen zu können ist eine Fähigkeit, die sich das ganze Leben lang auszahlt. Je früher Kinder sie erlernen, desto eigenständiger können sie Auseinandersetzungen beilegen. Sie lernen auch, die Bedürfnisse anderer zu erkennen und ihre eigenen auszudrücken. Ihre Rolle besteht darin, Ihrem Kind beizubringen, Probleme friedlich und selbstständig zu lösen – nicht jedoch, zu urteilen und Lösungen vorzuschlagen. Gelegentlich können Sie vielleicht eine Eskalation verhindern, indem Sie etwas Komisches oder Unerwartetes tun, um die Spannung zu lösen. Oft gelingt es Kindern auch, einen Konflikt ohne Hilfe beizulegen. Widerstehen Sie dem Drang, sich einzumischen. Warten Sie eine Minute, ob die Situation sich beruhigt oder eskaliert. In letzterem Fall probieren Sie die Strategien auf S. 110–111, sowohl für den Konflikt im Augenblick als auch für Situationen, in denen die Emotionen für eine sofortige Problemlösung zu hochgekocht sind, sodass Sie eine Pause vorschlagen und später nachfassen, um sicherzustellen, dass der Konflikt gelöst wird.

Sich an den Händen zu halten ist eine der einfachsten Techniken, um Kinder dazu zu bewegen, einander zuzuhören und Streit beizulegen.

“ ” **UNSERE GESCHICHTE**

Als meine Kinder sechs und zehn Jahre alt waren, hatten sie ein Denksport-Puzzle, das beide absolut faszinierte. Schnell gelangte dieses Puzzle ins Zentrum ihrer Aufmerksamkeit und sie stritten sich häufig darum.

Um eine faire Lösung zu finden, ihr Lieblingsspielzeug zu teilen, wartete ich einen Moment ab, in dem beide ruhig waren, setzte mich mit ihnen zusammen und wir überlegten, wie sie sich mit dem Puzzle abwechseln könnten.

Es wurde beschlossen, das Spielzeug in ein unteres Regalfach zu legen, sodass beide damit spielen konnten. Sie einigten sich darauf, dass derjenige, der an der Reihe war, sich so lange damit beschäftigen durfte, wie er wollte. Wenn er fertig war, musste er das Puzzle wieder an seinen Platz zurücklegen, damit es seinem Geschwister zur Verfügung stand.

Meine Tochter schrieb die Regel auf einen Zettel, den sie beide unterschrieben. Sie gaben sich die Hand als Zeichen ihres Einverständnisses und der »Vertrag« wurde ins Regal neben das Puzzle gehängt. Ich war beeindruckt, wie gut diese Konfliktlösungsstrategie funktionierte.

Carine (@montessorifamilyuk), Mutter von Lily, 13 Jahre, und Louis, 9 Jahre

KONFLIKTE BEILEGEN IN DER PRAXIS

1

Beruhigen Sie durch Ihre Anwesenheit

Nähern Sie sich den beiden streitenden Parteien langsam und ruhig. Begeben Sie sich dann auf Augenhöhe der Kinder und schauen Sie beide ruhig und freundlich an, um zu zeigen, dass Sie nicht Teil des Konflikts werden wollen.

2

Seien Sie sanft, aber bestimmt

Legen Sie beiden Kindern sanft eine Hand auf, um sie zu beruhigen, und warten Sie einfach, bis sie zu streiten aufhören. Geht es um einen Gegenstand, halten Sie Ihre Hand hin als Zeichen, dass Sie ihn haben möchten. Sprechen Sie nicht, bis sie ihn haben.

3

Danken Sie ihnen

Danken Sie den Kindern, dass sie aufgehört haben zu streiten. Ging es um den Gegenstand, den sie Ihnen gereicht haben, legen Sie ihn beiseite. Damit zeigen Sie, dass er nicht konfisziert ist, die Kinder sich ihm aber erst wieder zuwenden sollen, wenn es friedlich geschieht.

4

Zeigen Sie Vertrauen

Versichern Sie beiden Parteien Ihre Zuversicht, dass sie das Problem, das Anlass für ihren Streit war, gemeinsam so lösen können, dass beide zufrieden sind. Lassen Sie ihnen die Zeit und den Raum, den sie für diesen Problemlösungsprozess brauchen.

“ ”

Kinder sanft zur Konfliktlösung anzuleiten vermittelt ihnen die Fähigkeit, Streitigkeiten in Zukunft selbstständig zu lösen.

5

Schlagen Sie gegebenenfalls eine Pause vor

Wenn eines der beiden Kinder für eine sofortige Konfliktlösung zu aufgebracht ist, schlagen Sie beiden Parteien eine Pause vor, um später nach einer Lösung zu suchen. Wenn sie bereit sind, bitten Sie sie, sich an den Händen zu halten – das beruhigt den ganzen Körper.

6

Helfen Sie ihnen, zuzuhören und zu sprechen

Während die Kinder sich an den Händen halten, leiten Sie sie an, abwechselnd zuzuhören und zu sprechen. Versichern Sie, dass jedes Kind Gelegenheit bekommt, zu sprechen. Achten Sie darauf, die Situation nicht zu beurteilen oder Lösungen anzubieten.

7

Leiten Sie die Kinder an zu sagen, wie sie sich fühlen

Helfen Sie den Kindern Schritt für Schritt durch den Prozess, damit sie lernen, für sich zu sprechen und ihre Gefühle und Gedanken auszudrücken. Bitten Sie z. B. das erste Kind, Ihnen zu sagen, warum es zornig ist und wie es sich fühlt. Nehmen Sie seine Gefühle zur Kenntnis. Dann soll es dem anderen Kind sagen, wie es sich fühlt und worum es es bitten möchte, z. B. einen Stift zurückzugeben.

8

Helfen Sie den Kindern, eine Lösung zu finden

Bitten Sie das zweite Kind, seine Sicht darzustellen; vielleicht brauchte es den Stift und er lag unbenutzt herum. Lassen Sie die Kinder überlegen, wie sie den Streit lösen könnten. Könnte das eine Kind z. B. höflich fragen, ob es den Stift haben darf? Fordern Sie sie auf, dies zu versuchen. Funktioniert es nicht, schlagen Sie den Kindern eine Pause vor, um später eine Lösung zu suchen. Führen Sie dies zu Ende.

GÄRTNERN

Die Pflege eines Gartens oder die Mitarbeit an einem Gemeinschaftsgarten schenkt Ihrem Kind Erfahrungen von unschätzbarem Wert. Es lernt nicht nur, dass man durch den Anbau hochwertiger frischer Produkte Geld sparen kann, sondern erfährt, umgeben von Schönheit, viel über die Jahreszeiten, Ökosysteme und die Natur.

Alter und Entwicklung

18 Monate–6 Jahre

Ihr Kind erlernt Grundaufgaben durch Erfahrung. Mit Handschuhen und kindgerechten Utensilien, z. B. einem Spaten, kann es beim Graben helfen. Es kann Samen setzen, harken, Unkraut jäten und Früchte ernten.

6–12 Jahre

Der Garten ist jetzt ein lebendiges Labor. Das Wissen über die Natur, vom Bewässern für das Wachstum über den Wandel der Jahreszeiten bis hin zu den Systemen und Zyklen des Lebens, regt Ihr Kind geistig an und schärft sein Bewusstsein für den Einfluss des Menschen auf die Natur.

12–18 Jahre

Auch Jugendliche sollten im Garten mithelfen. Vielleicht interessieren sie sich für alternatives Gärtnern, z. B. biologischen Anbau statt des Einsatzes von Pestiziden und Düngemitteln. Ermutigen Sie Ihr Kind, seine Werte und Überzeugungen zu erkunden.

Platz für Kreativität

Gärtnern ist an vielen Orten möglich. Haben Sie einen Garten, können Sie Ihrem Kind eine kleine Fläche zur Verfügung stellen. Aber auch im Haus in Behältern – auf dem Balkon, auf der Fensterbank und sogar unter Pflanzenlicht – lassen sich essbare und dekorative Pflanzen züchten. Vielleicht finden Sie auch eine Möglichkeit, einen Gemeinschaftsgarten mitzubenutzen, oder Sie finden einen Kleingarten.

Den Garten pflegen

Gärten sind ein natürliches Klassenzimmer. Unabhängig davon, wie viel Platz Sie zum Gärtnern haben – es bietet Ihrem Kind zahlreiche Lernmöglichkeiten und hilft ihm, tiefe Verbundenheit zur Natur und Wertschätzung für sie zu entwickeln.

- **Kinder können praktisches Wissen** erwerben, z. B. wie man Samen im Haus keimen lässt und die Setzlinge dann zur richtigen Jahreszeit ins Freie pflanzt.
- **Zeigen Sie Ihrem Kind,** wie man sich um den Garten und die Pflanzen kümmert. Besprechen Sie bei einem Familientreffen, wie Sie die Verantwortung für die Lebewesen in Ihrem Garten unter allen Familienmitgliedern aufteilen möchten. Je nach Alter Ihres Kindes kann es bei Aufgaben wie Gießen, Unkraut jäten und Ernten mithelfen oder sie eigenständig ausführen.

In der Zusammenarbeit mit älteren Geschwistern oder Eltern lernen Kinder, Pflanzen richtig zu pflegen.

- **Beim Planen eines Gartens** oder Gartenstücks kann Ihr Kind Rechnen und grafisches Darstellen üben. Messen Sie gemeinsam aus, wie viel Fläche Sie für den Anbau von Pflanzen haben. Zeichnen Sie einen Plan, berechnen Sie, wie viel Platz jede Pflanze braucht, wenn sie ausgewachsen ist und wie viele Pflanzen auf die Fläche passen.
- **Beim Beobachten der Natur** kann Ihr Kind seinen Wortschatz erweitern, indem es die Bezeichnung von Pflanzenteilen, Blumen, Samen, Gemüse, Kräutern und Insekten lernt. Sie können ihm auch die Namen von Wildblumen und Bäumen beibringen.
- **Ihr Kind kann Prozesse,** Lebenszyklen und Insektengemeinschaften beobachten. Drinnen oder draußen können Sie einen kleinen Kompost, Wurm- oder Ameisenkolonien halten. Wenn Ihr Kind einen Kokon oder eine Puppe an einem Ast findet, kann es sie täglich an Ort und Stelle beobachten oder in ein geeignetes Gefäß setzen, bis der Falter schlüpft.
- **Der Garten ist ein Labor.** Ihr Kind kann das Netz des Lebens, die Jahreszeiten, das Wetter und natürlich die Botanik beobachten und schätzen lernen. Es kann den Unterschied zwischen angebauten und wilden Pflanzen lernen.

HAUSTIERE

Ein Haustier schenkt Kameradschaft, Liebe und Treue und lehrt unsere Kinder, für es zu sorgen. Wenn Sie ein Haustier haben oder überlegen, sich eines zuzulegen, müssen Sie vorleben, wie man sich darum kümmert, es behandelt, Verantwortung dafür übernimmt – und auch, wie man damit umgeht, wenn es krank wird oder möglicherweise sogar stirbt.

Ein Haustier aussuchen

Die Anschaffung eines Haustiers will sehr gut überlegt sein. Berücksichtigen Sie zunächst das Alter Ihres Kindes. Wenn das Haustier schon vor seiner Geburt da war, lernt Ihr Kind mit dem Heranwachsen, mit ihm umzugehen und es zu versorgen. Haben Sie noch kein Haustier, ist es ratsam zu warten, bis Ihr Kind mindestens vier Jahre alt ist. Dann sind die meisten Kinder reif und selbstbeherrscht genug, um mit einem neuen Tier sicher umzugehen. Diskutieren Sie die Anschaffung eines Haustiers bei

“ ”

Die Anschaffung eines Haustiers muss sorgfältig überlegt und von allen Familienmitgliedern befürwortet werden.

Der Umgang und die Fürsorge für ein Haustier vermittelt Ihrem Kind wichtige Lektionen über Verantwortung und Freundlichkeit.

einem oder mehreren Familientreffen. Überlegen Sie gemeinsam, wie viel Platz, Zeit und Aufmerksamkeit Sie ihm widmen können, und informieren Sie sich über verschiedene Arten. Auch Ihr Kind sollte etwas über das Wesen und die Pflege von Hunden, Katzen und kleineren Haustieren wissen. So versteht es, welche Pflege erforderlich ist, was von ihm erwartet wird, und warum es wichtig ist, darüber nachzudenken, welche Bedürfnisse ein Haustier hat und ob man sie erfüllen kann. Berücksichtigen Sie auch das Wesen Ihres Kindes. Manche Tiere kommen besser mit Kindern zurecht als andere und umgekehrt.

Für Haustiere sorgen

Ihr Kind lernt ganz natürlich, für Ihr Haustier zu sorgen, indem es Ihnen zusieht. Beziehen Sie Ihr Kind mit ein und lassen Sie es Futter und Wasser bereitstellen, den Käfig reinigen oder das Fell bürsten.

Wenn sich Ihr Kind mit einem Haustier beschäftigt, indem es mit ihm spielt, spazieren geht, ihm Tricks beibringt, es versorgt oder in sein neues Zuhause eingewöhnt, lernt es Dinge von unschätzbarem Wert: Es lernt, freundlich, einfühlsam und vorsichtig zu sein, damit das Tier nicht verletzt, fallen gelassen oder grob behandelt wird. Es lernt auch Mitgefühl zu empfinden, Verantwortung für ein abhängiges Lebewesen zu tragen sowie alle Lebewesen zu respektieren.

Alter und Entwicklung

18 Monate – 6 Jahre

Kleine Kinder können Eltern und älteren Geschwistern helfen, sich um ein Haustier zu kümmern, z. B. eine Schüssel Wasser hinstellen oder ein anderes Familienmitglied beim Gassigehen mit dem Hund begleiten. Sie können lernen, mit einem Haustier umsichtig und rücksichtsvoll zu spielen.

6 – 12 Jahre

Größere Kinder übernehmen allmählich mehr Verantwortung, können helfen, das Haustier zu versorgen und es zu trainieren. Sie können das Interesse Ihres Kindes für die Biologie und die Pflege Ihres Haustiers wecken.

12 – 18 Jahre

Erwarten Sie von Ihrem Teenager weiterhin, Haustiere mit zu versorgen. Manche Teenager möchten vielleicht mehr über Tiere und ihre Pflege lernen und z. B. ehrenamtlich in einem Tierheim mitarbeiten oder an Training und Wettbewerben teilnehmen. Fördern Sie diese Interessen.

Der Verlust eines Haustiers

Wenn ein Haustier stirbt, wird Ihre Familie den Trauerprozess gemeinsam durchleben. Ihr Kind erlebt diese schwierige Situation eventuell zum ersten Mal. Es ist wichtig, mit ihm über seine Gefühle zu sprechen. Sie können über Ihren Glauben sprechen und Ihr Kind anleiten, nach vorn zu schauen und gleichzeitig die Erinnerung an das Tier zu pflegen.

IM HÄUSLICHEN UMFELD LERNEN

Ihr Kind lernt von Geburt an, wenn nicht sogar schon vorher, und wird es sein Leben lang weiter tun. Ihr Kind lernt durch seine Erfahrungen – die aus dem bestehen, was ihm tagtäglich begegnet.

Sie sind und werden immer der wichtigste Lehrer Ihres Kindes sein, auch wenn Ihr Kind im Laufe seines Lebens zunehmend mehr Zeit in einer Schule verbringen und dort viel Wissen und Erfahrungen erwerben wird. Unabhängig davon wird Ihr Kind in der gemeinsam mit Ihnen verbrachten Zeit informell sehr viel von Ihnen übernehmen. Wie Sie handeln und sprechen – ob bewusst oder unbewusst – wird Ihr Kind unweigerlich beeinflussen. Es wird hören, was Sie sagen, beobachten, was Sie tun, und an Erfahrungen teilnehmen, geplanten oder ungeplanten, die ihm zeigen, wie die Welt funktioniert und wie es Dinge selbst tun kann.

“ ”

Ihr Kind lernt jeden Tag, indem es Erfahrungen macht, Sie und andere beobachtet, mithilft, Ideen ausprobiert und Neues entdeckt.

AUSSERSCHULISCHE LEKTIONEN

Eltern müssen sich bewusst sein, dass Lernen nicht nur in der Schule stattfindet und viele wichtige Lektionen des Lebens nicht aus Lehrbüchern stammen.

Ihr Kind lernt im Alltag – durch Versuch und Irrtum, durch Ausprobieren von Ideen, durch selbstständiges Erkunden, durch Zusammenarbeit mit anderen oder durch Beobachten. Sie sind unablässig am Lernprozess Ihres Kindes beteiligt – sodass es sich nicht nur Konzepte und Fähigkeiten, sondern auch eine lebenslange Liebe zum Lernen aneignet. Durch Auswendiglernen kann es Tests bestehen, aber zu lernen, wie man lernt, wird es durchs Leben bringen.

Neugier aufs Lernen

In einer Montessori-Familie wird Lernen als Reise angesehen, nicht als Last oder Wettrennen. Manche Kinder mögen den Wettbewerb, aber Lernen muss nicht in einer formalen Umgebung stattfinden, in der Kinder um Noten konkurrieren. Im Idealfall lernen Kinder aus Neugier, nicht als Reaktion auf äußere Motivation oder um zu beweisen, dass sie etwas können. Als Eltern sollten Sie anstreben, dass Ihr Kind nicht nur die Grundlagen erwirbt, die in der Schule gelehrt werden, sondern auch Liebe zum Lernen und praktische Alltagsfähigkeiten erwirbt, die die Schule nicht lehrt. Sie können ihm auch universelle Themen nahebringen – Wissenschaft, Technik, Erfindungen und Medizin, Kunst und Literatur, Gesundheit, Wellness und Politik.

Zu Hause lernt Ihr Kind ganz natürlich – beim Essen, bei Familientreffen, beim Reden, Lesen und Spielen. Sie fördern das Lernen Ihres Kindes oft am besten, wenn Sie fragen und zuhören, statt Antworten zu geben. Lernen sollte für die ganze Familie eine Grundhaltung sein.

Gemeinsame Projekte mit Ihrem Kind geben ihm Gelegenheit zu praktischem Lernen.

MIT FREUDE LERNEN

Viele von uns können sich kaum vorstellen, dass Lernen Spaß machen kann – vor allem, wenn wir in der Schule negative Erfahrungen gemacht haben. Wir lernen Dinge am besten, wenn wir Freude daran haben und Kindern macht Lernen Spaß, wenn sie aktiv beteiligt werden. Eine schöne Lernerfahrung aus Ihrer Kindheit kann Ihnen helfen, Wege zu finden, das Lernen für Ihr Kind nicht schwierig oder langweilig zu gestalten.

Alter und Entwicklung

18 Monate–6 Jahre
Ihr Kind tut gern etwas mit Ihnen gemeinsam. Mit Freude hilft es beim Fegen, Abwaschen oder Kochen. Greifen Sie nicht zu Lernkarten, Online-Lernaktivitäten oder Büchern – Ihr Kind lernt aus der Praxis.

6–12 Jahre
Bewahren Sie Ihrem Kind seine Neugier und Begeisterung. Folgen Sie seinen Interessen und geben Sie ihm Bücher über Schulthemen. Schauen Sie gemeinsam kurze Bildungsformate an, besuchen Sie Museen und Aufführungen. Ihr Kind lernt erfahrungsorientiert.

12–18 Jahre
Lassen Sie Teenager erkennen, dass Lernen sinnvoll, interessant und befriedigend ist und Interessen wecken kann. Lernen mit Freunden, behutsam beaufsichtigt, befriedigt den Wunsch nach sozialer Interaktion.

Individuelle Lernwege

Lernen erfolgt ganz natürlich und mit Freude, wenn es frei von Beschämung und Einschüchterung ist. Manchmal glauben Kinder, nicht mithalten zu können, mit Geschwistern oder sogar mit ihren Eltern. Es ist wichtig zu beachten, dass jeder auf eigene Weise und in eigenem Tempo lernt. Man sollte sich auch bewusst sein, dass während der Entwicklung vom Anfänger zum Meister Fehler passieren, ob beim Klavierspielen oder dem Kuchenbacken. Kinder lernen, wenn ihnen etwas gelingt, aber ebenso, wenn sie Fehler machen – sofern sie sich sicher aufgehoben fühlen. Natürliche Konsequenzen (siehe S. 82–85), vorausgesetzt sie sind risikofrei, erlauben Ihrem Kind, durch Tun zu entdecken.

Praktisches Lernen

Wenn Sie Ihrem Kind zu Hause zusätzliche Beschäftigung mit Schulstoff abfordern, um das Lernen zu »intensivieren«, kann das nach hinten losgehen. Manche Eltern besorgen extra Lehrbücher, die ihr Kind allein oder mit einem Elternteil bearbeiten soll. Einigen Kindern mag das gefallen, vielen aber nicht. Sie werden die zusätzliche Arbeit als unvermeidlich hinnehmen oder sich wehren, oft durch Tagträume, sodass ihre Eltern sie noch mehr bedrängen. Bei Montessori werden die Eltern dazu angehalten, ihre Kinder überhaupt nicht mit Lehrbü-

> Ihr Zuhause ist ein Ort, an dem Ihr Kind in einer entspannten Umgebung Dinge ausprobieren und Neues entdecken kann.

Bei Aktivitäten wie dem Backen des Lieblingskuchens engagiert sich Ihr Kind bereitwillig für Lernaufgaben, die ihm Spaß machen.

chern oder Probetests zu beschäftigen, insbesondere nicht kleine Kinder, es sei denn, diese wünschen es ausdrücklich. Die Eltern sollen ihr Zuhause als Ort sehen, an dem ihre Kinder ihre Freude am Forschen, Entdecken und Lernen ausleben. Manche Kinder tun dies auf eigene Faust, andere schauen lieber erst zu, bevor sie etwas selbst ausprobieren. Folgende Vorschläge machen das Zuhause zu einem schönen Lernumfeld:

- **Jüngere Kinder** lässt man am besten spielerisch lernen. Bei Reimspielen werden Laute und Buchstaben eingeübt. Beobachtungsspiele, bei denen man z. B. zählt, wie oft man ein bestimmtes Wort oder Bild auf Straßenschildern entdeckt, fördern grundlegende Fähigkeiten wie Worterkennung und Zählen.
- **Ihr größeres Kind** kann frei an Alltagsaufgaben teilnehmen und an Ihrer Seite lernen. Viele häusliche Aktivitäten bieten Lernchancen, vom Kuchenbacken und Sortieren von Socken über Autowaschen bis hin zum ehrgeizigeren Bau eines Vogelhauses oder dem Renovieren eines Möbelstücks.

DAS KIND GEISTIG ANREGEN: KLEINE KINDER

Das menschliche Gehirn ist darauf ausgerichtet, auf Stimulationen und Interaktionen mit der Umwelt und anderen Menschen zu reagieren und daraus zu lernen. Wenn das sich entwickelnde kindliche Gehirn angemessen beschäftigt wird, erlernt es nicht nur Konzepte und Fähigkeiten, sondern bildet auch neuronale Bahnen, die ihm zukünftiges Lernen erleichtern.

Ideale Lernmomente

Kleinkinder durchlaufen Phasen, in denen sie besonders empfänglich für das Erlernen bestimmter Dinge sind. Manche Phasen treten ganz von allein auf, ohne Ihr Zutun, z. B. wenn Ihr Kind lernt, erste Schritte zu machen, dann zu gehen, zu rennen und zu springen. Diese sensiblen Phasen sind eine wunderbare Gelegenheit, das kindliche Gehirn zu stimulieren. In den ersten sechs Lebensjahren lernt Ihr Kind durch Erleben und über seine Sinne. So können Sie es mit einer Fremdsprache oder mit Musik von Geburt an

Machen Sie Ihr Kind mit neuen Erfahrungen bekannt, z. B. Tanzen, kann das bei ihm eine Leidenschaft wecken.

„ " UNSERE GESCHICHTE

Mein Sohn ist zwei Jahre alt und von Lastern fasziniert. Eines Tages malte er auf seinem Lieblingslaster mit einem braunen Stift herum. Ich kam ins Zimmer, als er gerade fertig war. Er sah sehr zufrieden aus, stand auf und verkündete: »Jetzt wasche ich ihn ab!« Ich dachte spontan: »Oh nein. Das wird eine Katastrophe!«, atmete aber tief durch und beschloss, nicht einzugreifen.

Er lief ins Badezimmer zum Seifenspender, schäumte sich die Hände und anschließend den Laster mit kreisenden Bewegungen ein und ging dann eine Tasse holen. Ich bot ihm meine Hilfe an, um den Laster zur Eingangstreppe zu bringen und die unvermeidliche Sauerei zu verringern, und er war einverstanden. Ich saß dann da, während er Wasser über den Laster goss und staunte, wie es an ihm herunterlief. Dann lief er hinein, um ein Handtuch zu holen, und trocknete ihn gründlich ab. Ich gab ihm nur ein paar kleine Tipps. Er strahlte vor Stolz, als wir besprachen, ob er zuerst die Seife oder das Handtuch wegbringen sollte, und er erlebte das unvergleichliche Gefühl von Eigenständigkeit, weil er entscheiden durfte, sowie Befriedigung über die »große Arbeit«, die er geleistet hatte.

Alicia (@montessibaby @teachlearnmontessori) Mutter von Charlie, 2 Jahre

vertraut machen, indem Sie die Sprache sprechen oder in seiner Gegenwart Musik spielen. Aufgrund dieses Zusammenhangs zwischen gelebter Erfahrung und Gehirnentwicklung ist es wichtig, zu Hause anregende Aktivitäten und Erfahrungen zu bieten.

- **Maria Montessori** verwendete die Metapher des Samens, den man für Interessen und Kultur säen sollte, wie Wildblumen. Sie wissen nicht, welche Samen des Lernens bei Ihrem Kind aufgehen werden, aber es wird wahrscheinlich Neugierde, Kreativität, Staunen und Fantasie entwickeln.
- **Weiter lehrte Montessori,** Eltern sollten »dem Kind folgen«. Beobachten Sie, wofür Ihr Kind Interesse zeigt, und fördern Sie dies praktisch. Drängen Sie Ihr Kind nicht zu etwas, das ihm keinen Spaß macht, da es sonst eventuell eine Abwehrhaltung einnimmt. Vermeiden Sie auch Überstimulierung. Ist Ihr Kind gereizt oder abgelenkt, lassen Sie es anderen Aktivitäten seiner Wahl nachgehen.

DAS KIND GEISTIG ANREGEN: GRÖSSERE KINDER

Kinder sind von Natur aus neugierig und stellen mit zunehmendem Alter immer öfter »Was«- und »Warum«-Fragen, besonders in den Grundschuljahren. Eine grundlegende Weise, den Geist Ihres Kindes zu stimulieren, sind ständige Gespräche, Spiele und gemeinsame Erlebnisse.

Antworten finden

Ihr Kind weiß, dass Sie ihm an Erfahrung und Wissen voraus sind, daher ist es nur natürlich, dass es sich an Sie wendet, wenn es Fragen hat.

Gespräche mit Großeltern und anderen älteren Menschen sind für Kinder bereichernd.

Um seinen Geist zu beschäftigen und seine Wissbegierde zu fördern, ist es Ihr Ziel, ihm beizubringen, dass es Dinge selbst herausfinden kann und wir unser ganzes Leben lang weiter lernen.

- **Überlegen Sie, wie Sie Ihrem Kind** zeigen können, wie man Themen erkundet. Wenn Ihr Kind Sie z. B. fragt, warum die Sonne am Abend so groß aussieht, wissen Sie die Antwort oder auch nicht, aber Sie können gemeinsam eine Online-Suchmaschine benutzen oder Ihrem Kind zeigen, wie es in einer Enzyklopädie Information über die Atmosphäre nachschlägt. Die Online-Suchergebnisse werden zu Videos und Artikeln führen, die sowohl Ihnen als auch Ihrem Kind die Vorgänge in der Atmosphäre erklären. Ihr Kind sieht, dass auch Sie lernen.
- **Sprechen Sie über gemeinsame Erlebnisse.** Ob Sie mit Ihrem Kind eine Fernsehdokumentation, einen Film oder ein Theaterstück ansehen, dasselbe Buch lesen oder gemeinsam einen Ausflug gemacht haben, sprechen Sie mit ihm darüber. Besprechen Sie z. B., was es an einem Film oder Buch am interessantesten fand. Gab es eine Figur, die es besonders mochte, und wie würde Ihr Kind sie jemand anderem beschreiben?

Oder wenn Sie einen Ausflug gemacht haben, was fand es am interessantesten oder am schönsten?

- **Gespräche zwischen Ihrem Kind, Ihnen selbst und den Großeltern** oder anderen älteren Verwandten können Ihr Kind auf unterhaltsame und interessante Weise anregen. Sie könnten das Gespräch für später aufzeichnen. Kinder lieben die Geschichten, die ältere Familienmitglieder zu erzählen haben, und finden es oft faszinierend, wie ihre Großeltern ihre Kindheit erlebten und wie es sie an ihren Wohnort verschlagen hat. Solche Erzählungen tragen nicht nur Ihre Familiengeschichte weiter, sondern regen Kinder auch intellektuell an. Achten Sie jedoch auf Anzeichen, dass ein Gespräch Ihr Kind ermüdet.
- **Schlagen Sie Ihrem Kind vor,** eine Geschichte zu erzählen (wenn es das mag). Viele Kinder sind begeistert davon, Geschichten zu erfinden oder ein kurzes Theaterstück zu schreiben und aufzuführen.
- **Geben Sie Ihrem Kind einen »Helden«.** Gibt es eine heldenhafte Figur aus der Gegenwart oder der Vergangenheit, mit der Ihr Kind sich identifizieren kann und die es zum Nachdenken anregt? Das hilft besonders

“ ”

Sprechen Sie mit Ihrem Kind über Ihre gemeinsamen Erlebnisse – was hat ihm an einem Film, einem Buch oder einem Ausflug am besten gefallen?

Kindern aus Familien, deren ethnischer oder religiöser Hintergrund in ihrer Gemeinde eine Minderheit darstellt, sich mit ihrer Geschichte verbunden zu fühlen.

- **Bieten Sie auch Ihrem älteren Kind Spiele und Aktivitäten an,** die es altersgemäß geistig anregen. Sorgen Sie für unterschiedliche Aktivitäten, mit denen es sich entweder allein beschäftigen kann, wie Bauklötze, Steckbausteine und Puzzles, oder gemeinsam mit anderen, wie Actionspiele oder auch anspruchsvolle Strategiespiele wie Schach oder Rollenspiele. Ältere Kinder haben oft auch Spaß daran, jüngeren etwas beizubringen und Großeltern und Eltern mit der Technik zu helfen.

FORSCHEN UND ENTDECKEN

Kleine Kinder stellen meist Fragen, um ein Gespräch zu beginnen, nicht, um eine umfassende Erklärung zu bekommen – sie stellen einfach Überlegungen an. Mit zunehmendem Alter wird sich Ihr Kind detaillierter und gründlicher mit Themen beschäftigen, die es interessieren, und diese werden vielfältiger.

Alter und Entwicklung

18 Monate–6 Jahre
Greifen Sie nicht ein, wenn sich Ihr Kind konzentriert mit etwas beschäftigt. Behalten Sie es im Auge. Verspürt es Frust, warten Sie ein oder zwei Minuten ab, ob es sein Problem lösen kann. Das hilft ihm, Ausdauer und Willen zu entwickeln. Wenn Ihr Kind nicht weiterkommt, bieten Sie Hilfe an.

6–12 Jahre
Ermutigen Sie Ihr Kind, über alles, was es interessiert, Fragen zu stellen, zu lesen und sich zu informieren. Falls möglich, können Sie ihm vorschlagen, sich über ein Interessengebiet mit einem Experten aus Ihrem Bekanntenkreis zu unterhalten.

12–18 Jahre
Lassen Sie Jugendliche ihren Wissenstrieb durch Recherchieren, Reisen, Teilnehmen an Diskussionsforen oder den Beitritt zu politischen Jugendorganisationen ausleben.

Junge Forscher

Vier- bis Fünfjährige lernen in erster Linie über ihre Sinne, wenn sie erforschen, was ihr Interesse weckt. In einem Montessori-Klassenzimmer erhalten sie dabei Unterstützung durch spezielle Lernmaterialien, während sie die Grundlagen im Lesen, Schreiben, Rechnen, Messen, Organisieren und Beobachten erwerben. Auch wenn Sie keine solche Lernmaterialien zu Hause haben, können Sie Ihrem Kind helfen, auf Montessori-Art zu lernen.

Interessiert sich Ihr Kleinkind z. B. für einen Schmetterling im Garten, kann es mit Ihrer Hilfe und Anleitung in der Bibliothek oder zu Hause ein Buch über Schmetterlinge durchsehen oder versuchen, im Internet seinen Namen herauszufinden. Wenn sein Interesse groß ist, begeistert es sich vielleicht dafür, wie sich eine Raupe zum Schmetterling entwickelt, wie viel Zeit das in Anspruch nimmt und was die Raupe frisst. Danach geht es vielleicht bald zu einem anderen Thema über oder möchte eventuell sehen, wie eine Puppe aussieht. Wenn es an einem Ast eine entdeckt, kann es sie sogar mit ins Haus nehmen und in ein Terrarium oder ein geeignetes Gefäß setzen, wo der Falter schlüpfen kann. Das kann für ein Kind ein unvergessliches Erlebnis sein.

Beobachtungen aus nächster Nähe können in Kindern den Wunsch wecken, nachzuforschen und zu lernen.

Kombinierte Fähigkeiten

In den Grundschuljahren interessieren sich Kinder für das »Wie« und »Warum« und haben eine lebhafte Fantasie. Sie wollen sich in Themen vertiefen, die sie spannend finden, und können meist selbst einfache Nachforschungen anstellen. Das geschieht durch einen Prozess, bei dem sie eine Frage stellen, eine Theorie entwickeln, diese durch Experimentieren prüfen oder nach einer Antwort forschen.

Zu Hause kann die Initiative zum Nachforschen und Entdecken von Ihnen oder Ihrem Kind ausgehen. Auch wenn Ihr Kind beginnt, abstrakter zu denken, hat es noch Spaß am praktischen Lernen. Beim Forschen können Lesen, Schreiben, Rechnen und praktisches Lernen kombiniert werden (siehe Kasten rechts).

Veränderte Interessen

In der Adoleszenz haben Kinder oft neue Interessen wie Beziehungen zu Gleichaltrigen, Geschlechtsidentität, Sexualität, soziale Gerechtigkeit, globale Probleme, Familienwerte, Zugehörigkeit zu Gruppen und wie sie etwas bewirken können. Ihr Kind fragt vielleicht, warum Sie eine bestimmte politische Partei unterstützen, oder möchte mehr über die Unterschiede zwischen den Religionen wissen. Vielleicht interessiert es sich auch für seine Vorfahren: woher sie kamen, was zu ihren Lebzeiten in der Welt vor sich ging, und wie das Weltgeschehen sie betraf. Tiefgreifende Diskussionen, auch wenn diese zu Meinungsverschiedenheiten führen können, helfen Ihrem Kind jetzt, sich mit der Welt intensiv auseinanderzusetzen.

Praktisches Lernen

Die Herangehensweise an ein Projekt wie den Bau eines Vogelhauses illustriert, wie Sie Ihr Kind im Grundschulalter anleiten können, mehrere Fähigkeiten zu kombinieren.

Folgende Fragen könnte Ihr Kind stellen: Welche Vogelarten gibt es im Garten und welche möchte ich anlocken? Leben diese Arten in dieser Gegend? Wie groß sind sie, und welche Fressfeinde haben sie? Suchen Sie die Antworten gemeinsam mit Ihrem Kind. Entwerfen Sie dann gemeinsam das Haus. Wählen Sie das Holz aus, legen Sie die Maße fest, sägen und verleimen Sie die Teile und hängen Sie das Vogelhaus an eine geeignete Stelle. Dann kann Ihr Kind auf die Vögel warten und seine Beobachtungen aufzeichnen.

SPIELE UND AKTIVITÄTEN, DIE DAS GEHIRN ANREGEN

Das kindliche Gehirn entwickelt sich durch Interaktion mit der Umwelt. Ihr Kind lernt durch Beobachten, Hören, Denken und Tun. Sie als Eltern können den Ordnungssinn, die Konzentrationsfähigkeit, die Problemlösungsfähigkeit, die Sprache und die Unabhängigkeit Ihres Kindes gezielt fördern.

Lernen durch Spielen

Viele Aktivitäten Ihres Kindes stärken seine Problemlösungsfähigkeit, fördern sein Gedächtnis und vergrößern sein Wissen. Beobachten Sie, wie sich Ihr Kind beschäftigt, und unterbrechen Sie es möglichst nicht, wenn es sich auf etwas konzentriert.

- **Kinder legen gerne Muster.** Aktivitäten wie Sortieren, Ineinanderstecken, Stapeln sowie Erkennen von Mustern, in die sich Blöcke und Objekte anordnen lassen, fördern die sensorische Wahrnehmung und die Koordination. Lassen Sie Ihr Kind z. B. mit Perlen, bunten Bauklötzen oder Mosaiksteinen Muster erkennen, aneinanderreihen oder legen. Es macht Kindern auch Spaß, Muster durch Bewegungen zu erzeugen, was das Gedächtnis, die Mustererkennung und die Koordination trainiert. Führen Sie eine Bewegung, einen Tanzschritt oder ein rhythmisches Klatschen vor, und bitten Sie Ihr Kind, Sie nachzuahmen.
- **Auch Tastspiele fördern** die sensorische Wahrnehmung. Legen Sie verschiedene Gegenstände in eine Tasche. Bitten Sie Ihr Kind, seine Hand hineinzustecken und die Gegenstände zu ertasten.
- **Rätsel und Puzzles** fördern die Problemlösungsfähigkeit, das Rechnen und die Konzentration, vom ersten Puzzle mit wenigen Teilen

Ob mit Bauklötzen oder Perlen zum Auffädeln, Kinder unterschiedlichen Alters gestalten gerne Muster mit Farben und Formen.

und Greifknöpfen bis zu komplexen Puzzles für ältere Kinder. Geben Sie Ihrem Kind auch abstrakte Aufgaben, wie einfache »Punkt zu Punkt«-Aufgaben, Kreuzworträtsel und Wort- und Zahlenspiele.

- **Strategiespiele** wie z. B. Drei gewinnt, Würfelpuzzle oder Brett- und Kartenspiele fördern das Gehirn, indem sie die Planungsfähigkeit und Logik trainieren und das Regeln einhalten üben. Würfelspiele fördern die Zahlenerkennung und einfache Mathematik.
- **Trainieren Sie spielend** das Gedächtnis und die Beobachtungsfähigkeit. Einem etwa Dreijährigen können Sie drei oder vier Sachen zeigen. Das Kind schließt die Augen, Sie nehmen eine weg, es öffnet die Augen wieder und sagt, was fehlt. Größere Kinder können Gedächtnis und Konzentration mit Bildpaarkarten üben. Sie können Ihrem Kind auch einen Filmausschnitt vorspielen und fragen, an welche Details es sich erinnert.
- **Erzählspiele** fördern die Sprache, das Gedächtnis und die Vorstellungskraft. Für die ersten Jahre eignen sich mündliche Spiele, bei denen durch abwechselndes Hinzufügen eines Lautes, eines Wortes oder eines Satzes eine Geschichte entsteht und man einbauen muss, was die vorherige Person gesagt hat. Größere Kinder entwickeln oft eine lebhafte Fantasie und lieben es, Geschichten zu erfinden und zu erzählen. Tun Sie dies abwechselnd und erzählen Sie lebhaft. Das stimuliert das Gehirn anders als Zuhören oder Lesen. Es stärkt auch das Gedächtnis, da sich Ihr Kind die Figuren und die Abfolge der Ereignisse merkt. Kinder, die Geschichten erfinden und erzählen, haben oft einen großen Wortschatz und gute Sprachbeherrschung.

Alter und Entwicklung

18 Monate – 6 Jahre
In den ersten Jahren ist das Handhaben von Teilen, z. B. Bauklötzen, Puzzles oder Objekten zum Zusammensetzen, wichtig, um das kindliche Gehirn anzuregen. Montessori sagt: Nichts ist im Geist, das nicht zuvor in den Händen war.

6 – 12 Jahre
Viele Kinder bauen weiterhin gerne mit Klötzen oder anderen Materialien, stellen Modelle her oder spielen Strategiespiele.

12 – 18 Jahre
Teenager spielen am liebsten mit Freunden zusammen. Schlagen Sie vor, dass sie Freunde zu Ihren Familienaktivitäten einladen. Sie können an Wettbewerb genauso viel Gefallen finden wie an herausfordernden Brett- und Videospielen.

SPIELE UND AKTIVITÄTEN MIT BEWEGUNG

Spiele und Aktivitäten mit Bewegung verschaffen Ihrem Kind nicht nur wertvolle körperliche Anstrengung und Spaß mit der Familie, sondern fördern auch seine Koordination, Kraft und Beweglichkeit – in Körper und Geist.

- **Sie können die Hand-Auge-Koordination** Ihres Kindes, die für Alltagsaufgaben und Fähigkeiten wie Schreiben und Malen wichtig und im Sport hilfreich ist, mit vielen Aktivitäten trainieren. Kleine Kinder können üben, ein Bohnensäckchen aus einigen Schritten Entfernung in einen Korb zu werfen. Wird Ihr Kind geschickter, können Sie ein Brett mit Löchern anfertigen und schräg stellen, sodass Ihr Kind genauer zielen lernt. Alle Spiele, bei denen man auf ein Ziel spielt, z. B. Krocket oder einfach das Fangen eines Balles, verbessern die Hand-Auge-Koordination.
- **Ein Hindernisparcours** zu Hause ist bei Kindern jeden Alters beliebt. Damit trainieren sie Gleichgewicht und Koordination, Bewegung, visuelle Wahrnehmung und Problemlösungsfähigkeiten. Ob Sie einen Hindernisparcours nun im Wohnzimmer mit Stühlen, Kissen, Kisten und anderen Dingen oder draußen im Garten aufbauen – er sollte Ihr Kind möglichst zum Klettern, Kriechen, Springen, Hüpfen und Gehen herausfordern.
- **Eine Schnitzeljagd** macht Kindern großen Spaß. Sie müssen dabei aktiv eine Liste lesen, Dinge suchen und in der Gruppe arbeiten. Mehr als ein Wettbewerb ist dies eine Gemeinschaftsaufgabe. Überlegen Sie sich ein Thema, z. B. für eine Suche im

Alter und Entwicklung

18 Monate – 6 Jahre
Kleine Kinder lernen durch Bewegung. In diesem Entwicklungsstadium trainieren sie ihre Koordination, Kraft und Beweglichkeit. Einfache Spiele mit Bewegung wie Rennen, Springen, Hüpfen, Kriechen und Klettern stärken ihr Selbstvertrauen und ihre Körperbeherrschung.

6 – 12 Jahre
Kinder haben jetzt viel Spaß bei Spielen im Freien, wie Fangen und Ballspiele. Auch sanftere Bewegung wie Yoga und Tanzen kann ihnen gefallen.

12 – 18 Jahre
Teenagern gefallen Mannschaftssportarten oft am besten. Viele mögen auch Joggen, Radfahren oder Powerwalking mit Freunden.

Wandern schult neben körperlicher Ausdauer auch Fähigkeiten wie Planung und Orientierung.

Haus oder in der Natur, im Garten oder in einem Park, und erstellen Sie dafür eine Liste mit Dingen. Kleinere Kinder können sich mit einem älteren Geschwister oder einem Elternteil zusammentun; größere Kinder können einzeln oder im Team arbeiten. Geben Sie dem Kind oder der Gruppe eine bestimmte Zeit, um die Dinge auf der Liste zu finden. Am Ende versammeln sich alle und zeigen ihre Funde.

- **Wandern** ist für Kinder jeden Alters eine wertvolle Erfahrung. Kinder müssen regelmäßig an die frische Luft und profitieren sehr von der Gemeinschaft bei Familienwanderungen. Bei längeren Wanderungen können sich Ihre Kinder nicht nur an der Natur erfreuen und sich austoben, sondern auch lernen, eine Karte und/oder Wegzeiger zu lesen. Mit größeren Kindern kann man mehrere Stunden unterwegs sein, vielleicht sogar über Nacht. Beziehen Sie Ihr Kind mit ein, wenn Sie planen, was Sie mitnehmen müssen, von Verpflegung über ein Erste-Hilfe-Set bis zu Ersatzsocken, Regenkleidung und Kompass. Ihr Kind kann helfen, die Sachen zusammenzusuchen und den Rucksack zu packen.
- **Manche Familien praktizieren gern gemeinsam** Yoga mit einem Lehrer, einem Video oder selbst angefertigten Karten mit Yogahaltungen für Kinder. Yoga verbessert nicht nur Gleichgewicht, Flexibilität, Kraft und innere Ruhe, sondern fördert auch die Entwicklung des Gehirns, die Koordination und die Körperwahrnehmung in Bezug auf die Umgebung.
- **Tanzen** kann die ganze Familie begeistern. Es trainiert die Koordination und vermittelt Kindern Spaß an Bewegung. Bei einem informellen Tanzwettbewerb zu schwungvoller Musik können Sie gemeinsam oder einzeln so lange tanzen, bis Sie einvernehmlich einen Sieger küren.

GEMEINSAM LESEN

Gemeinsam zu lesen ist für Familien eine der schönsten Arten, sich geistig anzuregen und einander nahe zu sein. Wenn Sie gemeinsames und selbstständiges Lesen zum festen Bestandteil Ihres Familienlebens machen, wird dies Ihrem Kind sein Leben lang zugute kommen.

Die ersten Bücher

Von Anbeginn an kann ein Kind mit einem Elternteil oder einem älteren Geschwister kuscheln und ein Buch anschauen. Bedenken Sie bei der Auswahl von Büchern für ein Kleinkind, dass sich der Sehsinn noch entwickelt – große Bilder mit einzelnen Wörtern sind ideal. Ihr Kleinkind lernt Wörter, indem Sie auf ein Bild zeigen und sagen, was es darstellt, dann auf das zugehörige Wort zeigen und mit dem Finger darüberfahren, während Sie es sagen. Ist der Wortschatz größer, gehen Sie zu Bilderbüchern mit ganzen Sätzen über.

Montessori lehrt Kinder zuerst die Laute der Buchstaben und danach ihre Namen, damit sie lernen, phonetisch zu lesen. Zeigen Sie auf einen Buchstaben und sagen Sie z. B. für den Buchstaben »s« den Laut »sssssss« statt »esss«.

Junge Leser

Viele Kinder beginnen mit etwa fünf Jahren, allein oder mit Hilfe zu lesen. Bieten Sie Bücher mit interessantem Wortschatz und Inhalt an. Beachten Sie bei Kindern von 18 Monaten bis sechs Jahren:

- **Sehr kleine Kinder** können Fantasie und Realität nicht gut unterscheiden. Ihr Verständnis von der Welt basiert auf dem, was sie anfassen, riechen, sehen, hören und schmecken können. Suchen Sie Bücher mit eher realistischen Illustrationen, statt mit solchen, in denen sich Tiere wie Menschen verhalten und

Gemeinsam mit einem bewunderten älteren Geschwister ein Buch anzuschauen ist für ein Kleinkind ein wunderbares Erlebnis.

kleiden, was Kindern eine falsche Vorstellung vermittelt – auch wenn dies bei manchem Klassiker der Fall ist.

- **Reimgeschichten** machen Kindern Spaß und sprechen sie an. Reime und Wiederholungen merken sie sich gut, sodass sie oft Bücher anschauen und Wörter und Sätze auswendig sagen, bevor sie lesen können.
- **Mit einem etwa vierjährigen Kind** lesen Sie Bilderbücher und Bücher mit kurzen Kapiteln kapitelweise. Sprechen Sie über die Figuren und die Geschichte und fragen Sie Ihr Kind, wie es darüber denkt.

Den Horizont erweitern

Grundschulkinder kommen nun in eine Phase der Fantasie und Kreativität und erfinden eigene Geschichten. Lesen Sie mit Ihrem Kind Bücher, die einige Stufen über seinem Niveau liegen. Kinder wollen auch das Wie und Warum wissen. Zeigen Sie Ihrem Kind, wie es Bibliotheken – zu Hause, in der Schule oder öffentliche – sowie das Internet nutzt, um Wissen in Enzyklopädien, Wörter- und Sachbüchern zu finden. Lesemuffel können die Freude am Lesen vielleicht durch Comics, Zeitschriften und Hörbücher entdecken.

Pubertierende interessieren sich für Beziehungen und mögen Bücher und Geschichten, die sich mit moralischen oder sozialen Fragen beschäftigen.

Alter und Entwicklung

18 Monate–6 Jahre

Für Ihr Kleinkind eignen sich Pappbücher mit realistischen Fotos oder Zeichnungen, ohne Text bzw. mit einem erklärenden Wort auf einer separaten Seite. Kleine Kinder lieben Reime. Fordern Sie Ihr Kind auf, bei Reimwörtern oder Refrains mitzusprechen. Lesen Sie Ihrem Kind regelmäßig vor, nicht nur vor dem Schlafengehen.

6–12 Jahre

Sie könnten eine Art Familien-Buchklub gründen. Stellen Sie Ihrem Kind offene Fragen, um Ihr Kind zu veranlassen, Ideen eigenständig zu formulieren.

12–18 Jahre

Heranwachsende lesen in ihrer Freizeit oft die unterschiedlichsten Dinge, neben fiktionalen eventuell zunehmend nicht-fiktionale Bücher wie (Auto-)Biografien und Sachbücher. Ermöglichen Sie Ihnen Zugang zu möglichst vielfältigem Lesestoff.

Bücher pfleglich behandeln

Wenn Sie Ihr Kind in die Welt der Bücher, Wörter und Geschichten einführen, zeigen Sie ihm auch, wie es Bücher pfleglich behandelt und mit Sorgfalt umblättert.

Erklären Sie Ihrem Kind, dass Bücher nicht zum Drauftreten oder Werfen da sind, und sie, wie andere Dinge auch, nach dem Lesen wieder weggeräumt werden müssen.

FREUDE AN KREATIVITÄT

Kunst gehört nicht nur zu unserer Geschichte und ermöglicht uns, die Erfahrungen anderer Menschen zu verstehen, sondern ist auch persönlicher Ausdruck in Form von Dichtung, Gesang, Tanz und Geschichten. Sie verbindet Menschen, indem sie Gefühle und Gedanken vermittelt und Wertschätzung und Verständnis weckt. Montessori ermutigt Familien, Kinder mit möglichst vielen Formen von Kunst vertraut zu machen.

Alter und Entwicklung

18 Monate – 6 Jahre
Kinder können durch Bemalen von Steinen mit Wasserfarben, Arbeiten mit Fingerfarben, Ton oder Buntstiften Farben und Materialien erkunden und ihre Hand-Auge-Koordination und ihre Ausdrucksfähigkeit entwickeln. Vielleicht geht Ihr Kind auch gern mit Ihnen in ein Kunstmuseum.

6 – 12 Jahre
Manche Kinder haben weiterhin Freude an Kreativität und an der Kunst anderer. Lassen Sie Ihr Kind seine Werke rahmen und aufhängen. Schlagen Sie Museumsbesuche vor.

12 – 18 Jahre
Kunst wird jetzt vielleicht wiederentdeckt als Mittel des Selbstausdrucks und der Kreativität, das Jugendlichen hilft, ihre Identität zu klären. Ältere Schüler können sich für digitale Kunst und Fotografie interessieren.

Erste kreative Schritte

Wenn unsere Kinder mit kreativem Gestalten – sowie mit Musik, Tanz, Film und Theater – in Berührung kommen und zu Hause von Kunst umgeben sind, entwickeln sie einen Sinn für die Vielschichtigkeit der Welt und die gemeinsame Menschheitsgeschichte. Umgeben Sie Ihr Kleinkind mit Werken, die Ihre und andere Kulturen symbolisieren, und machen Sie es mit bekannten Künstlern vertraut.

Eine kreative Umgebung

Künstlerische Betätigung bietet Kindern eine von vielen Möglichkeiten, ihre Persönlichkeit und ihre Intelligenz auszudrücken. Doch Kunst ist nicht nur persönlicher Ausdruck, sondern spielt auch für die Entwicklung der Lern-, Problemlösungs- und Planungsfähigkeiten eine zentrale Rolle. Die künstlerische Seite Ihres Kindes zu fördern kann sich ein Leben lang auszahlen.

- **Bereiten Sie eine Umgebung** vor, die zu Kreativität anregt, z. B. mit Farben, Materialien für Collagen, Pastellkreiden, Zeichenkohle oder Knete, je nach den Interessen Ihres Kindes. Ihr Kleinkind kann mit einem kleinen Tisch mit Stuhl, falls möglich, Papier, einer Aufbewahrungsmöglichkeit oder Schubladen für Buntstifte, Filzstifte, kleinen Pompons, Federn und anderen Bastelmaterialien beginnen.

“ ”

Fördern Sie bei Ihrem Kind die Freude am Gestalten und geben ihm Platz für Kreativität. Diese Erfahrungen werden es dauerhaft bereichern.

Lassen Sie schon Ihr Kleinkind künstlerisch experimentieren, fördern Sie seine kreative und motorische Entwicklung.

- **Kleinkinder** benutzen zuerst die Hände und malen mit Fingerfarben oder in Sand auf einem Tablett. Sie benötigen viel Übung, um die Muskeln ihrer Hände und Finger zu kräftigen und ihre Bewegungen so gut zu koordinieren, dass sie Bleistifte, Buntstifte oder Pinsel benutzen können. Am meisten Spaß haben sie am kreativen Prozess, das Ergebnis interessiert sie weniger. Doch sie sind stolz, wenn ihre Werke zu Hause präsentiert werden. Überlegen Sie, wie Sie ihre Lieblingswerke ausstellen und zeigen können.
- **Schulkinder** können Interesse an einer bestimmten Kunstform oder einem Medium entwickeln. Ihr Interesse kann sich vom Erkunden der Materialien zum fertigen Produkt hin verlagern. Es kann ihnen auch Spaß machen, in der Natur oder auf Trödelmärkten Verwertbares zu finden, das ihre Fantasie und Kreativität anregt. Auch die Interaktion mit Gleichaltrigen ist jetzt wichtig. Vielleicht möchte Ihr Kind einen Kurs in kreativem Gestalten besuchen oder bei seiner Geburtstagsfeier eine künstlerische Aktivität veranstalten.
- **Besucht Ihr Kind** z. B. einen Malkurs, zeigen Sie ihm, wie man Themen vertieft. Sprechen Sie über den Kursinhalt, besuchen Sie ein Museum, wenn Ihr Kind das mag, oder schauen Sie einen Künstlerfilm an. Ermutigen Sie Ihr Kind, in einer Bibliothek oder online Material über das Thema seines Interesses zu suchen, z. B. Stillleben, oder sprechen Sie über einen Künstler, der solche Motive malt. Sie könnten auch ein Stillleben arrangieren, das Ihr Kind abmalt.

MIT GELD UMGEHEN LERNEN

Montessori-Familien haben das langfristige Ziel, ihre Kinder über Geld und seine Rolle im Leben aufzuklären. Während Ihr Kind mit Geld umzugehen lernt, entwickelt es eine Vielzahl von Alltagsfähigkeiten und erwirbt ein ausgewogenes Wertesystem im Hinblick auf Geld, Besitz, Sparen, Investieren, karitatives Spenden und Schulden.

Alter und Entwicklung

18 Monate–6 Jahre
Mit einem kleinen Taschengeld ab dem vierten Lebensjahr lernt Ihr Kind, umsichtig mit seinem Geld umzugehen.

6–12 Jahre
Passen Sie das Taschengeld den Dingen an, die Ihr Kind kaufen muss. Mit seinem Geld auszukommen ist eine wichtige Fähigkeit. Gibt Ihr Kind sein Geld zu schnell aus, lassen Sie es aus der natürlichen Folge des Geldmangels lernen, es sich in Zukunft bewusster einzuteilen.

12–18 Jahre
Ihr Teenager hat hoffentlich gelernt, mit Geld sorgsam umzugehen. Sie müssen vielleicht das Taschengeld erhöhen, damit Ihr Kind für größere Anschaffungen sparen kann. Dadurch lernt es, vorauszuplanen und Impulskäufe zu vermeiden.

Vorbild sein

Geld zu verstehen und vernünftig damit umzugehen ist für Ihr Kind einer der Schritte zu einem Leben als Person, die unabhängig, belastbar, verantwortungsvoll und innovativ handelt, wenn es ums Planen, Entscheiden und Problemlösen geht. Kinder lernen viel über Geld, indem sie beobachten, wie ihre Eltern es ausgeben, teilen und sparen. Diese Unterweisung beginnt in dem Moment, in dem Ihr Kind sieht, wie Sie Geld verwenden, z. B. wenn Sie in einem Geschäft bezahlen.

In welcher Weise Sie über Geld sprechen, beeinflusst, ob Ihr Kind Überfluss oder Mangel damit verbindet, und lebt Verhalten bei finanziellen Entscheidungen vor. Wenn Ihr Kind z. B. Überlegungen über Ausgaben, Budgetierung und Investitionen mitverfolgt, lernt es, dass es wichtig ist, über Finanzen zu sprechen. Selbst wenn Sie Ihr Kind nicht direkt einbeziehen, sieht, hört und spürt es diese Muster in Ihrem Leben.

Ihrem Schulkind können Sie den Unterschied erklären zwischen Vermögen, das an Wert gewinnt und im Idealfall Einkommen bringt, und Verbindlichkeiten, die an Wert verlieren und Geld kosten. Ihr Kind kann lernen, dass Dinge, die wir brauchen, z. B. ein Haus oder eventuell ein Auto, Unterhalt kosten, was die Entscheidungen einer Familie beeinflusst.

Die Vorteile von Taschengeld

Wenn Sie Ihrem Kind mit vier bis fünf Jahren Taschengeld geben, beginnt es, sich mit Geld zu beschäftigen. Erklären Sie ihm, dass es nun eigenes Geld hat und wie man es klug ausgibt, sinnvoll verwendet oder spart. Zeigen Sie einem älteren Kind, wie es schriftlich ein Budget erstellt, sein Taschengeld als Einkommen betrachtet, Ausgaben festlegt und Sparen einplant. Erklären Sie ihm von klein auf, wie es Ausgaben gut überlegt, indem es Bedarf und Wunsch (siehe unten), Wert und Kosten und den Gesamtbetrag, den es ausgeben kann, berücksichtigt. Diese wichtigen Schritte lehren Ihr Kind, sein Geld selbstständig und verantwortungsbewusst zu verwalten und zu wissen, wo es bleibt.

Wollen und Brauchen

Überlegen Sie gut, bevor Sie etwas kaufen, das Ihr Kind haben möchte. Helfen Sie ihm zu unterscheiden, ob es etwas braucht, z. B. für einen Kurs, oder sich etwas wünscht, z. B. ein neues Spielzeug. Heben Sie Letzteres für besondere Anlässe auf, oder, noch besser, erklären Sie Ihrem Kind, wie es sparen und vielleicht etwas dazuverdienen kann, damit es sich mit der Zeit selbst etwas kaufen kann. Bringen Sie Ihrem Kind praxisnah bei, Impulskäufe zu vermeiden. Sie könnten gemeinsam ein Essen planen, eine Einkaufsliste schreiben und einkaufen, aber nur die Artikel von der Liste. Lassen Sie Ihr Kind beim Einkaufen die Preise addieren. So lernt es, zwischen Produkten zu wählen, sich an eine Liste zu halten und die Ausgaben im Blick zu behalten.

Halten Sie sich beim Einkaufen mit Ihrem Kind an eine Einkaufsliste, lernt es, wie man Geld wohlüberlegt ausgibt.

Wenn Sie Ihrem Kind die Grundlagen des Sparens und Investierens beibringen, bereiten Sie es gut auf die Zukunft vor.

Etwas hinzuverdienen

Ihr größeres Kind möchte sich vielleicht einmal etwas Teureres kaufen, wofür sein Taschengeld nicht ausreicht, selbst wenn es gespart hat. Sie können die Gelegenheit nutzen, ihm zu zeigen, wie es sich etwas dazuverdienen kann, z. B. mit Arbeiten zu Hause, die über seine üblichen Aufgaben hinausgehen, oder für andere. Mit oder ohne Ihre Anregung könnte es auch Geschäftsideen entwickeln, sei es ein Kuchenstand, Mithilfe im Familienbetrieb oder die Gründung eines eigenen kleinen Unternehmens. Solche Aktivitäten lehren Ihr Kind, innovativ, unabhängig und verantwortungsbewusst zu werden und gleichzeitig etwas dazuzuverdienen.

Ein- und Ausgaben im Blick

Wenn Ihr Kind die Grundprinzipien des Budgetierens erlernt hat, bauen Sie darauf auf und erklären ihm, wie es sicherstellt, dass Rechnungen bezahlt werden, Cashflow vorausplant und Ausgaben und Guthaben aufeinander abstimmt.

- **Ob Sie nun Kontoauszüge** auf Papier haben oder Ihre Bankgeschäfte online erledigen, erklären Sie Ihrem Kind Möglichkeiten, Zahlungen zu tätigen, und diese am Monatsende mit dem Kontoauszug zu vergleichen, um zu prüfen, ob die Zahlen übereinstimmen. Haben Sie eine Buchhaltungssoftware, zeigen Sie Ihrem Kind, wie man darin Konten einrichtet, eingehende Rechnungen erfasst und Zahlungsdaten plant.
- **Ältere Kinder können lernen,** Übersicht über ihre Ausgaben zu behalten, einen Kontoauszug zu lesen oder mit Tabellenkalkulationssoftware ein Monatsbudget zu erstellen und ihre Ausgaben damit abzugleichen. Sie können auch langfristige Spar- oder Investitionsziele berechnen.

Kredite und Ersparnisse

Der Umgang mit Krediten ist eine weitere wichtige Lektion für Ihr Kind. Idealerweise werden große Anschaffungen im Voraus bezahlt. Erklären Sie Ihrem Kind, wie man etwas langfristig finanziert, nach den besten Konditionen sucht und die laufenden Kosten ins Budget einplant.

“ ” **UNSERE GESCHICHTE**

Mein siebenjähriger Enkel wünschte sich ein Mountainbike, um mit seinem älteren Bruder, der schon ein eigenes Mountainbike hatte, in einem Park in der Nähe herumfahren zu können.

Seine Mutter und ich überlegten, ihm dieses Fahrrad zum Geburtstag zu schenken, waren aber der Ansicht, dass er jetzt alt genug war, um sich an den Kosten zu beteiligen. Wir boten ihm an, beide jeweils ein Drittel der Kosten zu übernehmen, und schlugen ihm vor, sich seinen Anteil zu verdienen, indem er zwei Monate lang den Familienhund Gassi führte und wöchentlich badete. Er verdiente sich seinen Anteil, Woche für Woche, und war unglaublich stolz, als der Zeitpunkt gekommen war, da wir in ein Fahrradgeschäft gingen und er sich sein Mountainbike aussuchte.

David, Großvater von Asher, 7 Jahre

Es ist gut, wenn Ihr Kind bei seiner Budgetplanung auch sparen lernt. Manche Familien behandeln Sparbeträge einfach als Ausgabe, andere bringen ihren Kindern bei, für größere Anschaffungen, unerwartete Reisen, Aktivitäten oder Notfälle Geld zurückzulegen. Wie viel Ihr Kind spart, ist unwichtig, aber was es dadurch lernt, ist von unschätzbarem Wert.

“ ”

Je älter Ihr Kind wird, desto eigenständiger wird es sein Geld verwalten und Pläne für die Zukunft machen.

Die Zukunft planen

Ihr Kind wird sein Geld und seine Zukunft zunehmend selbst in die Hand nehmen. Zeigen Sie ihm, wie man plant, indem Sie gemeinsam einen »Strategieplan für die Familie« erarbeiten. Legen Sie Ziele fest, was man tun muss, um sie zu erreichen, wer was tut und wie lange es dauert. So können Sie auch die Zukunft Ihres Teenagers planen, z. B. die Kosten für eine Ausbildung, eine Firmengründung oder Reisen. Erklären Sie ihm, wie man Einkommen durch Investitionen, z. B. in Unternehmensbeteiligungen oder passive Einkommensquellen, generiert, oder wie es etwas über die Börse lernt. Es kann in Unternehmen investieren, deren Ziele und Praktiken seine persönlichen Werte widerspiegeln.

HAUSAUFGABEN

Allzuoft sind Hausaufgaben für Eltern und Kinder Anlass für Auseinandersetzungen. In vielen Montessori-Schulen sind Hausaufgaben nicht üblich, aber wenn sie in Ihrer Schule die Regel sind, können Sie als Eltern eine positive Lernerfahrung daraus machen.

Der Montessori-Ansatz

In der Montessori-Pädagogik sind herkömmliche Hausaufgaben nicht die Norm. Die »Hausaufgaben« ergeben sich in der Regel aus den Interessen der Kinder, sei es Lesen, eine Präsentation vorbereiten, Familienmahlzeiten planen und budgetieren oder Einladungen, Briefe, E-Mails oder einen Artikel schreiben. Es kann Tests geben, für die sie lernen, oder Projekte, für die sie recherchieren müssen, aber die meiste Lernarbeit erfolgt in der Schule. Die Projekte zu Hause dienen dazu, das Wissen und Können der Kinder in die Praxis umzusetzen. Zu Hause soll das in der Schule Gelernte absorbiert, reflektiert und verinnerlicht werden.

Vorsicht, Vorbild!

Bedenken Sie, dass Ihre Haltung gegenüber Ihrer Arbeit für Ihr Kind eine Vorbildfunktion hat. Wenn Sie negativ über Ihre Arbeit sprechen und sie als lästige Pflicht ansehen, signalisieren Sie Ihrem Kind, dass Arbeit keinen Spaß macht und im Gegensatz zur entspannenden Freizeit eben ertragen werden muss. Wenn Sie dagegen Freude an Ihrer Arbeit zum Ausdruck bringen, zeigen Sie Ihrem Kind, dass Arbeit erfüllend sein kann und fester Bestandteil des Lebens ist.

»Familienlernzeit«

Wie die Hausaufgaben Ihres Kindes auch immer aussehen, der Montessori-Ansatz kann Ihrer Familie durch Routinen helfen, sie für alle angenehmer zu gestalten. Sprechen Sie vor Beginn eines Schuljahrs bei einem Familientreffen über Ihre »Familienlernzeit«. Überlegen Sie, wann und wo sie stattfinden soll, was jeder dann tut, und wie dies hilfreich sein kann. Vereinbaren Sie einen Ort und eine Zeit, in der sich die ganze Familie mit Lernen beschäftigt – etwa mit Lesen, einer Internetrecherche oder Planen und Gestalten eines Modells. Indem Sie sich darauf vorbereiten und jeden seine Gedanken darüber äußern lassen, zeigen Sie, dass jedes Familienmitglied ein lebenslang Lernender ist, dass Lernen Spaß macht und es wichtig ist, anwesend zu sein, damit jeder für sich arbeiten oder andere um Hilfe bitten kann.

- **Lassen Sie jeden bei wöchentlichen Familientreffen** erzählen, was er in der Woche zu tun hat. Vielleicht bereitet ein Elternteil für die Arbeit eine Präsentation vor, ein Kind lernt für einen Test, ein anderes muss mehrere

Kapitel eines Buches lesen und zusammenfassen, und der andere Elternteil betreibt Ahnenforschung. Wissen alle, was die anderen beschäftigt, können sie Verständnis füreinander aufbringen und einander unterstützen.

- **Sprechen Sie zu Beginn** der täglichen Lernzeit mit Ihrem Kind. Welche Aufgaben hat es? Erzählen auch Sie, was Sie zu tun haben. Das hilft Ihrem Kind, seine Lernzeit zu strukturieren und seine Arbeit erfolgreich zu erledigen.

Alter und Entwicklung

18 Monate – 6 Jahre
Lesen, lesen, lesen; alles zählen; zuordnen und sortieren; kreativ sein, Sketche spielen, miteinander singen und tanzen!

6 – 12 Jahre
Helfen Sie Ihrem Kind, sich zu organisieren. Unterstützen Sie es bei großen Projekten, aber erledigen Sie sie nicht. Fragen Sie, wie Ihr Kind etwas tut, aber erklären Sie nicht.

12 – 18 Jahre
Seien Sie bei anspruchsvolleren Aufgaben für Ihr Kind da, damit es weiß, dass es notfalls Tipps oder Hilfe bekommt, aber selbst kompetent ist.

Geht die Familie ihren Lerntätigkeiten nach, während sie ruhig beisammen sitzt, entsteht eine konzentrierte Arbeitsatmosphäre, die den einzelnen unterstützt.

Zeigen Sie Interesse an dem, womit sich Ihr Kind beschäftigt, ermutigen Sie es aber dazu, selbst Lösungen zu suchen.

Warum Kinder lernen

Bildung dient nicht nur dem Bestehen von Prüfungen, sondern soll aus Kindern gut informierte und reflektierte Mitglieder der Erwachsenengemeinschaft machen, die sich an eine sich ständig wandelnde Welt anpassen können.

Kinder sind in der Regel von Geburt an intelligent, neugierig und kreativ. Wenn man sie lässt, erforschen sie alles, was ihr Interesse erregt, ohne Ermutigung oder eine äußere Struktur zu brauchen.

Es gibt wachsende Bedenken, weil Schulen mehr auf Auswendiglernen setzen als auf Verstehen im Kontext oder das

“ ”

Mit Ermutigung und der richtigen Herangehensweise erkunden und lernen Kinder alles, was ihr Interesse weckt.

Übertragen von Fähigkeiten und Wissen auf neue Situationen. Wenn Eltern und Lehrer Kinder zudem mit Belohnen und Druck zum Arbeiten bewegen wollen, können Widerstand und Abneigung gegen Unterricht, Lehrer, Hausaufgaben und Tests die Folge sein. Ein großes Problem ist Prüfungsangst. Viele Eltern wollen nicht nur, dass ihre Kinder die Schule schaffen, sondern erwarten extrem gute Leistungen und glauben, von außen dafür Anstoß geben zu müssen.

Ihre Rolle als Eltern

Bieten Sie Struktur und Hilfe, wie auf S. 138–139 erklärt, und berücksichtigen Sie Folgendes, wenn Sie erreichen möchten, dass Ihr Kind seine Hausaufgaben gut und mit Freude erledigt.

- **Achten Sie darauf,** wie viel Arbeit Ihr Kind hat. Ist sie interessant oder stumpfsinnig? Wie viel Zeit benötigt Ihr Kind dafür? Kommt es gut zurecht, oder ist es gestresst, gereizt oder erschöpft? Wenn es erst spätabends fertig wird oder ängstlich wirkt, sprechen Sie respektvoll mit dem Lehrer, der beurteilen kann, ob die Hausaufgaben für Ihr Kind zu viel sind und/oder ob es mehr Unterstützung braucht.

- **Widerstehen Sie** der Versuchung, außerschulische Lernmaterialien oder Unterstützung anzubieten, es sei denn, Sie haben guten Grund zu glauben, dass Ihr Kind sie benötigt oder darum bittet und sich darüber freut.
- **Lernen sollte interessant sein** und Spaß machen, nicht gefürchtet und abgelehnt werden. Viele Eltern glauben, mit ihrem Kind zusätzlich lernen zu müssen. Das ist gut, wenn es Ihnen beiden Spaß macht, aber sehr schlecht, wenn es einen von Ihnen frustriert und entmutigt.
- **Betrachten Sie die Hausaufgaben** Ihres Kindes als seine Aufgabe. Bittet es um Hilfe, fragen Sie, was es erreichen möchte und wie. Das hilft ihm, sich darüber klar zu werden, was es tun und wie es sich organisieren muss. Erledigen Sie nicht seine Arbeit, weder teilweise noch ganz. Schüler sollen aus Projekten etwas lernen und dies durch die Fertigstellung demonstrieren (siehe auch S. 142). Wenn Sie für Ihr Kind das Denken übernehmen, lernt es nichts.

„“ UNSERE GESCHICHTE

Nach dem Wechsel auf die weiterführende Schule hatte mein Sohn Joseph oft Mühe, seine Hausaufgaben fertig zu bekommen. Er war unvorbereitet, unkooperativ und hatte viele Ausreden parat. Argumente halfen nicht, also beschlossen wir, statt in der Hitze des Augenblicks bei unserem wöchentlichen Familientreffen darüber zu sprechen. In der ruhigen Atmosphäre unserer Treffen konnten wir unsere Besorgnis und Bereitschaft, ihm zum Erfolg zu verhelfen, zum Ausdruck bringen.

Ich fragte Joseph, wie wir ihm bei seinen Hausaufgaben helfen könnten, außer, sie für ihn zu tun. Er sagte, dass die viele Arbeit ihn überforderte und er fürchtete, sich zu verzetteln. Wir einigten uns darauf, mit ihm seine Aufgaben aufzulisten, nach Priorität zu ordnen und zu überlegen, was jeweils zu tun war. Da er schon immer ein aktives Kind war, schlugen wir ihm vor, eine Hausaufgabe zu machen, in seine Tasche zu stecken und dann als »Denkpause« ein paar Liegestütze oder eine andere körperliche Aktivität einzulegen. Das funktionierte für ihn. Er bat hin und wieder um Hilfe, und ich schaute nach ihm, ermunterte ihn zum Weitermachen und beglückwünschte ihn, wenn er fertig war.

Daniel, Vater von Joseph, jetzt 15 Jahre

PROJEKTE UNTERSTÜTZEN

Ihr Schulkind kann hin und wieder größere Hausaufgaben bekommen – z. B. ein Gedicht lernen, ein Modell anfertigen oder ein Experiment durchführen – die eventuell Tage, Wochen oder noch mehr Zeit in Anspruch nehmen. Ihre Rolle besteht darin, Ihrem Kind die erforderlichen Planungs- und Organisationsfähigkeiten beizubringen.

Alter und Entwicklung

18 Monate – 6 Jahre
Mit vier bis fünf Jahren kündigt Ihr Kind vielleicht an, dass es etwas vorführen oder ein Lied auswendig lernen muss. Machen Sie ihm Mut, bieten Sie Alternativen an und lassen Sie es selbstbewusst führen.

6 – 12 Jahre
Vermeiden Sie bei langen Projekten, in letzter Minute zu drängeln, es an sich zu reißen oder zu viel selbst zu tun. Helfen Sie Ihrem Kind, das Projekt zu durchdenken, sich jeden abgeschlossenen Schritt bewusst zu machen und loben Sie es zwischendrin für seinen Eifer und seine Fortschritte.

12 – 18 Jahre
Kinder können öfter und zunehmend komplexere Projekte erledigen. Stellen Sie Ihrem Kind Fragen, damit ihm bewusst wird, was es tun muss, bis wann, welche Schritte erforderlich sind und wie es sie mit minimalem Stress bewältigt. Ermuntern Sie Ihr Kind, statt es zu retten.

Wie Sie helfen können

Das Ziel ist, Ihrem Kind beizubringen, ein größeres Projekt zu durchdenken und durchzuführen, indem Sie ihm zur Seite stehen und es inspirieren, aber niemals seine Arbeit übernehmen. Stellen Sie Fragen und helfen Sie ihm gegebenenfalls, seine Gedanken zu ordnen.

Strukturiert herangehen

Die wöchentlichen Familientreffen sind ideal, um sich über umfangreichere Hausaufgaben auf dem Laufenden zu halten. Tragen Sie wichtige Projekte oder Ereignisse, die die Familienmitglieder ankündigen, in einen Terminkalender ein. Hat Ihr Kind ein Schulprojekt, verabreden Sie sich separat, um es genauer zu besprechen und Ihre Unterstützung anzubieten. Das erspart viel Frustration und Stress, wenn man erst in letzter Minute von wichtigen Plänen erfährt.

Sie können Ihr Kind führen, unterstützen und zur Fertigstellung seines Projekts ermutigen, indem Sie mit ihm üben, seine Gedanken zu ordnen, einen Zeitplan zu erstellen, Schritte zu planen und zu überlegen, welche Materialien und Ressourcen es benötigt.

Praktische Hilfe

Schulprojekte können sehr verschieden sein, je nach Alter des Kindes, Schulart und Thema. Erwarten Sie keine Perfektion. Helfen Sie Ihrem Kind vielmehr, sich

“ ”

Unterstützen Sie Ihr Kind, indem Sie ihm Fragen stellen und ihm helfen, seine Gedanken zu ordnen. Das ermutigt es, selbstständig zu denken.

bei der eigenständigen Durchführung des Projekts wohlzufühlen und an jeder neuen Aufgabe zu wachsen. Sie können Ihr Kind unterschiedlich unterstützen.

- **Wenn Ihr Kind ein Buch** mündlich oder schriftlich vorstellen soll oder ein Referat, z. B. über eine historische Gestalt oder Begebenheit, vorbereitet, zeigen Sie ihm, wie es dies interessant präsentiert, z. B. mit PowerPoint, mit Requisiten oder indem es sich als historische Figur verkleidet.
- **Sammeln Sie gemeinsam Ideen** für naturwissenschaftliche Projekte. Beraten Sie Ihr Kind bei der Planung: Wie wird es das Experiment durchführen, wie die Untersuchung und die Ergebnisse darstellen und anderen erklären?
- **Lernt Ihr Kind Text** aus einem Theaterstück oder einer Schullektüre auswendig, bieten Sie ihm an, es abzuhören. Raten Sie ihm sanft, wie es die Aussage dramatisieren könnte, und regen Sie es zu Selbstkritik an. Fragen Sie es z. B., wie es sich beim Vortragen gefühlt hat. Was fand es gut, was möchte es ändern? Das verhindert, dass Ihr Kind sich für nicht gut genug hält. Sie könnten Ihr Kind auch filmen. Ermuntern Sie es dazu, sich selbst anzuschauen und zu bewerten. Wenn Sie schauspielerisch begabt sind und Ihr Kind einverstanden ist, könnten Sie ihm zeigen, wie Sie es machen würden. Berücksichtigen Sie, dass Kinder nur begrenzt emotionale Energie für ein solches Projekt haben.
- **Ermutigen Sie Ihr Kind,** auch bei den Kostümen und Requisiten mitzuhelfen. Das gibt ihm das Gefühl, an allen Aspekten des Projekts beteiligt zu sein.

Die kreative Umsetzung eines Projekts, z. B. durch Verkleiden, eröffnet Ihrem Kind neue Möglichkeiten, ein Thema zu erkunden.

ZEIT MITEINANDER VERBRINGEN

Auch wenn man derselben Familie angehört und im selben Haus lebt, heißt das noch lange nicht, dass man viel Zeit miteinander verbringt.

Gemeinsame Familienzeit ist für alle ihre Mitglieder wichtig. Wenn Sie einen Partner haben, pflegen Sie Ihre Beziehung im wechselseitigen Austausch. Es spielt keine Rolle, wie Ihre Familie zusammengesetzt ist – ein Montessori-Zuhause hat das Ziel, eine enge, kooperative und einander unterstützende Gemeinschaft zu bilden. Während Ihre Familie dadurch eine eigene Identität bekommt, besteht sie wiederum aus einzigartigen Individuen mit jeweils eigenen Interessen und unterschiedlichen Persönlichkeiten. Eine Familie zusammenzuschmieden bedeutet, aus Individuen eine Gemeinschaft zu schaffen – mit Eltern, Kindern und manchmal Mitgliedern der erweiterten Familie, die alle zusammenleben.

“ ”

Gemeinsame Aktivitäten, die allen Spaß machen, stärken die Familienbande sowie die einzelnen Beziehungen untereinander.

FAMILIENBANDE STÄRKEN

Gemeinsame Aktivitäten sind wichtig, um die Beziehungen innerhalb der Familie zu stärken. Das Familienleben bietet viele Möglichkeiten für gemeinsam verbrachte Zeit, von den Alltagsroutinen bis hin zu Ausflügen und Urlaubsreisen.

Zusammensein

Jeder Tag bietet uns Gelegenheit zum Zusammensein: die Mahlzeiten, der Schulweg oder das abendliche Ausspannen. Über diese Alltagsroutinen hinaus stärken gemeinsame Aktivitäten – Spielen, Lernen, Reisen, Lesen oder Geschichten erzählen – die Familieneinheit. Wichtig ist auch, gemeinsame Erinnerungen und Traditionen zu schaffen. Diese werden Teil der fortlaufenden Geschichte, die Ihr Kind später an seine eigene Familie weitergeben wird, wenn es nach seiner Kindheit gefragt wird. Auch gemeinsame Projekte, z. B. ein kleines Bauprojekt, stärken die Familie.

Damit sich die Familienmitglieder in dieser Zeit ganz aufeinander einlassen, sollten die digitalen Geräte beiseite gelegt werden. Wenn die familiären Beziehungen im Vordergrund stehen, bleiben die digitale Welt und individuelle Aktivitäten außen vor.

Gemeinsame Aktivitäten in der Familie stärken und pflegen die individuellen Beziehungen untereinander.

FAMILIENGESCHICHTEN ERZÄHLEN

Familiengeschichten werden meist spontan und informell im Alltag erzählt. Kinder können im Großen wie im Kleinen davon profitieren, mehr über die Menschen ihrer Familie zu erfahren – über die jetzt lebenden ebenso wie über ihre Vorfahren.

Gelegenheiten für Familiengeschichten

Nutzt man die vielen Gelegenheiten, die sich im Alltag zum Erzählen von Familiengeschichten ergeben, bekommen Kinder ein Gefühl von Zugehörigkeit. Familiengeschichten können Emotionen wecken, etwa Humor, Traurigkeit, Wertschätzung oder Liebe. Zeigen Sie Emotionen beim Erzählen dieser Geschichten, hilft das Ihrem Kind, sich auch mit seinen eigenen Gefühlen auseinanderzusetzen.

Anlässe, Familiengeschichten zu erzählen, ergeben sich, wenn Ihr Kind etwas über Ihre Kindheit wissen möchte oder seine Großeltern fragt, wie es war, als sie aufwuchsen – bei Familientreffen, wenn die Verwandten in Erinnerungen schwelgen oder wenn Sie einen Ort Ihrer Kindheit besuchen, an dem Sie gelebt oder den Sie häufig besucht haben.

- **Familiengeschichten** können humorvoll sein. Viele Geschichten, die man sich weitererzählt, sind lustig und Ihr Kind wird Freude daran haben, mit der Familie zusammen zu lachen. Achten Sie darauf, dass der Humor ohne Sarkasmus ist und andere Familienmitglieder nicht bloßstellt, sondern dass Ihr Kind lernt, dass eine positive Haltung in schwierigen Situationen Familien hilft, Resilienz und eine gesunde Einstellung gegenüber den Unwägbarkeiten des Lebens zu entwickeln. Aus liebevollem Humor in der Familie lernt Ihr Kind, dass gemeinsame Geschichten Anlass zum Lachen und Wärme geben und alle daran Freude haben.

Alter und Entwicklung

18 Monate – 6 Jahre
Ihr kleines Kind liebt es, wenn Sie Familiengeschichten erzählen, und wird sie immer wieder hören wollen. Andere Familienmitglieder können dazu beitragen, wenn diese Geschichten erzählt und Teil der Familienkultur werden.

6 – 12 Jahre
Ihr Kind möchte vielleicht von Großeltern und anderen Verwandten mehr über ihre Kindheit erfahren, Fotoalben anschauen oder sogar online Familienforschung betreiben.

12 – 18 Jahre
Teenager können vorübergehend das Interesse an der Familiengeschichte verlieren, es kann aber auch wachsen. Vielleicht möchten sie selbst eine Familiengeschichte schreiben, Fotos sammeln und Familienmitglieder interviewen.

Familiengeschichten zu erzählen, wenn sich ein Anlass bietet, gibt Ihrem Kind ein starkes Zugehörigkeitsgefühl.

Erzählen Sie von Ihrer Familie und Ihren Vorfahren, wenn Sie Fotoalben anschauen, um Ihrem Kind das Gefühl einer gemeinsamen Geschichte zu vermitteln.

- **Auch wertvolle Lektionen** können in Familiengeschichten stecken, über Themen wie Mut, Durchstehen harter Zeiten und Einstehen für Familienwerte, oder praktische Dinge bereithalten, wie das Gründen einer Firma.

Die Vorfahren entdecken

Wenn manche Geschichten schon seit mehreren Generationen überliefert werden, überlegen Sie, wie sie für Ihr Kind greifbarer werden können. Vielleicht haben Sie alte Fotos von den Menschen, von denen erzählt wird. Auch wenn Sie ein Grab besuchen und dort Blumen niederlegen, kann das ein Anlass für Erinnerungen und Geschichten sein.

In den Grundschul- und Jugendjahren kann Ihr Kind sich stärker für seine Vorfahren interessieren, besonders wenn eine Verbindung zu einem Thema besteht, das es in der Schule behandelt. Vielleicht engagierte sich z. B. eine Urgroßmutter im Kampf der Frauen für das Wahlrecht, oder Urgroßeltern erlebten Krieg. Persönliche Geschichten lassen historische Ereignisse lebendig werden. Wenn Vorfahren ausgewandert sind, können Kinder etwas über deren neue Heimat und das Leben dort erfahren.

STRATEGIEN FÜR DEN ALLTAG

ZU EINER EINIGUNG KOMMEN

Meinungsverschiedenheiten gehören zum Leben. Konflikte beizulegen und nach einem Streit mit dem Kind zu einer Einigung zu kommen ist wichtig, damit es lernt, sein Verhältnis zu Geschwistern, Eltern, Freunden oder anderen Verwandten zu klären und friedlich mit ihnen zusammenzuleben.

Wenn Kinder untereinander uneins sind, helfen die Eltern ihnen, darüber nachzudenken, was passiert ist und wie sie den Konflikt lösen können (siehe S. 108–111).

Auch wenn Sie mit Ihrem Kind eine Auseinandersetzung haben, besteht der Montessori-Ansatz darin, dass Sie als Eltern auf Ihr Kind zugehen, um den Konflikt zu lösen und eine Vereinbarung zu treffen. Ob Ihr Kind Sie bedrängt, ihm etwas zu kaufen, seine Hausarbeit vernachlässigt oder als Teenager gedankenlos Geld ausgibt – Ihre Rolle besteht darin, friedliche Konfliktlösung vorzuleben.

Wenn die Emotionen in einer Auseinandersetzung mit dem Kind hochkochen, zieht man sich am besten erst einmal zurück und lässt Ruhe einkehren, bevor man Klärung sucht. Warten Sie einen neutralen Moment ab, in dem Sie beide ruhig sind, um die Sache zu besprechen. Es ist wichtig, dass Sie als Eltern gelassen und distanziert bleiben, um nicht in die Defensive zu geraten. Auch sollten Sie die »Tat« vom »Täter« trennen, damit Ihr Kind weiß, dass Sie es lieben, egal, was es sagt oder tut. Die Strategie auf S. 150–151 zeigt, wie man friedlich zu einer Einigung kommt.

“ ”

Warten Sie einen ruhigen Moment ab, um eine Streitfrage zu diskutieren, damit Sie und Ihr Kind freundschaftlich zu einer Einigung kommen können.

“ ” UNSERE GESCHICHTE

Unser jüngstes Kind ist noch zu Hause, die beiden älteren Kinder sind schon auf dem College. Nach einiger Zeit begann unsere Tochter sich ohne ihre älteren Geschwister einsam zu fühlen. Also tat sie etwas, das sie nicht oft tut, sie bat um etwas – sie wünschte sich einen Hund.

Meine Frau und ich hatten Sorge, dass sie der Verantwortung für ein Haustier schnell überdrüssig werden würde. Also begannen wir, ihr gründlich zu erklären, wie viel Arbeit und Verpflichtungen ein Haustier mit sich bringt. Ihr Wunsch nach einem Hund blieb. Wir gaben nach und vereinbarten mit ihr, dass sie allein für den Hund zuständig war.

An dem Tag, an dem wir den Welpen zu uns holten, schloss sie ihn sofort in ihr Herz und nannte ihn Ollie. Vom ersten Augenblick an kümmerte sie sich um ihn und versorgte ihn in einer Weise, wie wir es nie für möglich gehalten hatten. Wie die meisten 14-Jährigen entdeckte Mattison, dass es harte Arbeit ist, für ein anderes Lebewesen zu sorgen. Wir helfen ihr zwar ab und zu, nehmen ihr die Verantwortung aber nicht ab. Wir lassen sie das durchstehen, helfen ihr nicht aus der Patsche, sind keine Stütze, erlauben ihr nicht, die Verantwortung abzugeben, und sie ist daran enorm gewachsen. Egal, welche Situation auftritt, sie tut, was getan werden muss, um gut für Ollie zu sorgen.

Michael, Vater von Isaiah, 23 Jahre, Morgan, 22 Jahre, und Mattison, 14 Jahre

IN DER PRAXIS ZU EINER EINIGUNG KOMMEN

Warten Sie einen ruhigen Moment ab

Wenn Sie z. B. beim Einkaufen mit Ihrem Kind in Streit geraten, weil Sie etwas nicht kaufen wollen, das es haben möchte, bleiben Sie bei Ihrer Entscheidung, lassen sich aber nicht im Geschäft auf eine große Auseinandersetzung ein. Warten Sie, bis Sie zu Hause sind und Sie sich beide beruhigt haben, und gehen Sie dann noch einmal darauf ein. Sie könnten zu Ihrem Kind sagen: »Wir müssen noch einmal darüber reden, was heute im Laden vorgefallen ist.«

Nehmen Sie die Gefühle Ihres Kindes zur Kenntnis

Lassen Sie Ihr Kind zunächst wissen, dass Sie beide an dem Problem beteiligt waren. Sagen Sie z. B.: »Ich weiß, dass wir darüber gestritten haben, was wir kaufen sollen. Ich mag es nicht, im Geschäft zu streiten und einen Aufstand zu machen, und du sicher auch nicht. Habe ich recht?« So weiß Ihr Kind, dass es an Ihnen beiden liegt, wenn Sie sich im Geschäft streiten, aber auch, dass Ihnen seine Gefühle wichtig sind.

Nach einem Streit ruhig miteinander zu sprechen kann eine ähnliche Situation zwischen Ihnen und Ihrem Kind zukünftig vermeiden.

Treffen Sie eine Vereinbarung

Wenn Sie geklärt haben, was passiert ist und dass Sie beide dabei eine Rolle gespielt haben, bitten Sie Ihr Kind, mit Ihnen gemeinsam zu überlegen, wie sich eine solche Situation lösen und sich eine Wiederholung vermeiden lässt. Sie könnten z. B. überlegen, nicht gemeinsam einzukaufen, wenn es nicht nötig ist; ein Geschäft zu verlassen, wenn ein Streit beginnt; oder ein vereinbartes Signal zum Aufhören zu benutzen, wenn es zum Streit kommt. Wenn Sie Ihre Ideen besprochen haben, wählen Sie eine aus, mit der Sie beide einverstanden sind, und probieren Sie sie aus.

“ ”

Signalisieren Sie, dass sie beide bei der Auseinandersetzung eine Rolle gespielt haben, zeigen Sie Ihrem Kind, dass Sie beide Seiten sehen.

Legen Sie Konsequenzen fest

Wenn sich Ihr Kind nicht an eine Vereinbarung hält, sprechen Sie erneut darüber. Sie können eine neue Vereinbarung treffen und sich gemeinsam Konsequenzen überlegen. Wenn eine schwierige Situation die ganze Familie betrifft, können Sie bei einem Familientreffen darüber sprechen. Der Sinn einer Konsequenz ist nicht, Ihr Kind zu bestrafen, sondern ihm etwas beizubringen. Sie helfen ihm, sich nicht mehr unangemessen zu verhalten, Ihre Bedenken zu verstehen und verantwortungsbewusst zu sein. Wenn Sie sich eine Konsequenz überlegen, bedenken Sie Folgendes:

Steht die Konsequenz in Zusammenhang mit der Situation?

Ist die Konsequenz für Ihr Kind erwartbar?

Ist die Konsequenz Ihrem Kind und der Familie gegenüber respektvoll?

Bewirkt die Konsequenz, dass Ihr Kind Verantwortung übernimmt?

SPORT UND SPIEL

Wettbewerb wird oft in Schulen, Sport und von Erwachsenen eingesetzt, um Kinder von außen künstlich zu Wettkampfdenken zu motivieren. Im Gegensatz dazu fördert Montessori freundliches, kooperatives Miteinander bei Arbeit und Spiel, das ganz anders ist als die Wettbewerbsmentalität, die in vielen Kulturen selbstverständlich ist.

Ein anderer Ansatz

Viele glauben, die Montessori-Pädagogik würde Wettbewerb ablehnen. Doch Montessori erkennt durchaus an, dass es in vielen Situationen Wettbewerb gibt – in der Schule, in der Arbeit und zu Hause – und betrachtet ihn als natürlichen Teil des Lebens, bei dem man manchmal gewinnt, manchmal nicht. Montessori fördert jedoch ein kooperatives Miteinander statt der Vorstellung, dass das Leben ein Wettkampf um Aufmerksamkeit oder um einen Preis ist.

Wer einen Blick in ein Montessori-Klassenzimmer wirft, ist oft überrascht, dass Kinder unterschiedlichen Alters so gut miteinander auskommen. Der hier geförderte wunderbare Geist der Zusammenarbeit und des Teilens bewirkt, dass sich die Kinder gemeinsam oder nebeneinander beschäftigen und Freude an der Gemeinschaft wie auch an Erfolgen des Einzelnen haben. Die Kinder verhelfen einander zu Erfolgen. Niemand sticht den anderen aus und die Kinder wertschätzen die Leistungen der anderen.

Kooperatives Denken

In einem Montessori-Zuhause gilt den Eltern jedes Familienmitglied als einzigartig, mit jeweils individuellen Begabungen, Herausforderungen und Fortschritten. Sie wertschätzen jeden Einzelnen und das, was er bei einer Aufgabe erreicht hat, und ermutigen die Familienmitglieder, die Leistungen und Erfolge wechselseitig bei Familientreffen wie auch im Alltag wertzuschätzen.

Alter und Entwicklung

18 Monate – 6 Jahre
Leben Sie Ihrem zwei- bis dreijährigen Kind Teilen und Zusammenarbeiten vor und helfen Sie ihm, Wörter zu benutzen, die Bedürfnisse ausdrücken. Mit drei bis fünf Jahren ist Ihr Kind bereit, das Teilen zu lernen.

6 – 12 Jahre
Eine neue Sportart oder Fähigkeit zu erlernen kann für Ihr Kind frustrierend sein. Es lernt eine wichtige Lektion, wenn Sie ihm helfen, sich beim Prozess des Lernens wohlzufühlen und auch mal zu verlieren.

12 – 18 Jahre
Diese Jahre können schwierig sein, wenn Teenager sich zurückziehen oder wegen jüngerer Geschwister frustriert sind. Finden Sie Wege, sie in die Familie einzubinden und auch ihre Freunde willkommen zu heißen.

Teilen lernen

Im Laufe ihrer ersten sechs Lebensjahre lernen Kinder, in Beziehungen zurechtzukommen. In den ersten zwei bis drei Jahren, der Zeit der Abhängigkeit von ihren Eltern, glauben sie, alles drehe sich um sie. Mit zwei bis drei Jahren erkennen sie allmählich, dass sie von ihren Bezugspersonen getrennt sind – sie können Dinge allein tun und ihre Bedürfnisse verbal ausdrücken. Wird Ihr Kind zunehmend selbstständiger, können Sie es anleiten, mit anderen zu kooperieren und sich der Bedürfnisse anderer bewusst zu werden.

In diesem Alter fällt es Kindern schwer, Spielzeug und die Aufmerksamkeit der Eltern mit anderen zu teilen. Manche Eltern möchten die Kinder zum Teilen überreden, doch zwingen Sie sie jetzt nicht. Ihr Kind spielt lieber allein, in der Nähe anderer, und lernt erst, was Teilen bedeutet. Es versteht noch nicht den Unterschied zwischen dem Weggeben eines Spielzeugs für kurze Zeit und für immer. Erklären Sie das älteren Geschwistern. Sie könnten einem älteren Kind vorschlagen, eine Zeit lang mit etwas anderem zu spielen. Bei Kindern über drei Jahren können Sie eine Konfliktlösung moderieren (siehe S. 108–111).

Mit drei bis fünf Jahren lernen Kinder zu teilen. Zeigen Sie ihnen, wie sie dies respektvoll tun können, indem Sie sie durch solche Situationen führen und ihnen das richtige Verhalten vorleben.

Spaß an Wettbewerb

In den Grundschuljahren und in der Pubertät haben Kinder oft Spaß an Wettkampf, das Ergebnis rückt für sie in den Vordergrund. Helfen Sie Ihrem Kind zu erkennen, dass das Erlernen eines neuen Konzepts oder einer neuen Fähigkeit ein Prozess ist, bei dem Fehler auftreten, und dass wir miteinander spielen, ob bei Ball-, Brett- oder Rätselspielen, weil es uns Spaß macht. So lernen Kinder in einer Weise zu konkurrieren, die ihren Beziehungen zuträglich ist.

Bei Aktivitäten, die allen Spaß machen, können Kinder ohne Erfolgsdruck mitmachen und miteinander wetteifern.

FAMILIENPROJEKTE

Bearbeiten Sie als Familie ein Projekt, bekommen Sie Gelegenheit, gemeinsam mit Ihrem Kind etwas zu planen und zu bearbeiten und werden durch ein Gefühl der Erfüllung und Befriedigung dafür belohnt. Im Idealfall bringen Sie solche Projekte einander näher, schenken Ihrem Kind eine schöne Erfahrung und vermitteln ihm praktische Lebenskompetenzen.

Zusammenarbeiten

Ob Ihr Familienprojekt eine große Aufgabe ist, die im oder am Haus erledigt werden muss, oder etwas, das Sie extra für Ihr Kind tun, das eigentliche Ziel ist, gemeinsam an etwas zu arbeiten. Natürlich entscheiden Ihre eigenen Fähigkeiten und das Alter Ihrer Kinder darüber, ob ein solches Familienprojekt für Sie praktikabel ist.

- Projekte für die ganze Familie könnten vom Aufbau eines neuen Bettes oder eines anderen Möbelstücks für das Kinderzimmer bis zum Bau einer Terrasse, auf der die Familie ihre Mahlzeiten einnehmen und sich im Freien aufhalten kann, reichen.
- Einen Spielbereich für Ihr Kind, z. B. einen Sandkasten, anlegen, Spielgeräte im Freien aufstellen, einen kleinen Spieltisch im Haus anstreichen oder sogar ein Baumhaus bauen sind Projekte, die die ganze Familie gemeinsam anpacken könnte.
- Ein Familienprojekt außer Haus könnte z. B. ein gemeinnütziges Projekt sein. Sie könnten sich ehrenamtlich für einen guten Zweck engagieren, z. B. Mahlzeiten ausliefern, Lebensmittelpakete für bedürftige Familien vorbereiten, bei einer Tafel mitarbeiten oder bei der Säuberung öffentlicher Grünanlagen mithelfen.

Bereitwillige Helfer

Wenn Sie mit Ihrem Kind ein Familienprojekt in Angriff nehmen, überlegen Sie zuerst, wie es diese Idee aufnimmt. Fühlt es sich zur Mithilfe gezwungen und reagiert ablehnend oder verbindet es etwas Positives damit, gemeinsam mit der Familie an etwas zu arbeiten, das über die routinemäßige Hausarbeit hinausgeht?

Als Eltern möchten Sie Ihrem Kind klar machen, dass jedes Familienmitglied in irgendeiner Weise mithelfen muss und wir uns das manchmal nicht aussuchen

Alter und Entwicklung

18 Monate – 6 Jahre
Ihr Kleinkind merkt vielleicht, dass ein Projekt im Gange ist. Mit drei bis vier Jahren kann ein Kind unter Aufsicht schon etwas tun. Mit fünf bis sechs Jahren kann es mit kindgerechtem Werkzeug umgehen und einzelne Schritte selbstständig bearbeiten.

6 – 12 Jahre
Ihr Kind kann ein Projekt vorschlagen oder mitplanen. Kinder lernen viel durch Helfen. Finden Sie Aufgaben, die sie je nach Alter, Kraft und Reife gefahrlos ausführen können.

12 – 18 Jahre
Jugendliche sollten viele Projekte selbstständig oder mit etwas Hilfe planen, organisieren und ausführen können. Sie können eigenständig arbeiten, planen und Werkzeug richtig nutzen.

Bei kooperativen Projekten lernt Ihr Kind im Team zu arbeiten und Aufgaben fertigzustellen.

können. Damit Familienprojekte harmonisch verlaufen, ist es wichtig, den Stress zu minimieren und auftretende Streitigkeiten in der Familie möglichst ruhig beizulegen. So behält Ihr Kind frühe Erfahrungen mit einem gemeinsamen Projekt oder gemeinsamer Hausarbeit in positiver Erinnerung.

Realistische Erwartungen

Erwarten Sie von Ihrem Kind, je nach Alter, nicht zu viel im Hinblick darauf, wie lange oder intensiv es an einem Projekt mitarbeiten und wie viel Hilfe es leisten kann. Machen Sie sich bewusst, dass seine Fähigkeiten, sich zu konzentrieren, sein Interesse aufrecht zu erhalten und etwas fertigzustellen noch viel geringer sind als bei Ihnen.

Das Ziel gemeinsamer Familienprojekte ist nicht nur, eine Aufgabe zu erledigen, sondern auch, dem Kind zu vermitteln, dass jeder mal mit anpacken muss und dass dies ein normaler und positiver Teil des Familienlebens ist. Im Idealfall schenkt ein fertiges Projekt Ihrem Kind das Gefühl, dass dies durch Ihre gemeinsame Arbeit erreicht wurde. Vielleicht empfindet es mit der Zeit gemeinsame Verantwortung, Stolz und Erfüllung, wenn ein Projekt erfolgreich durchgeführt wird.

STRATEGIEN FÜR DEN ALLTAG

EIN RUHIGER ORT

Wir alle kennen Gefühle wie Frustration, Ärger, Enttäuschung oder Einsamkeit. Sie auszudrücken kann andere verletzen. Für Montessori gehören alle Gefühle zum Leben, und so wollen wir den Kindern helfen, sie zu erkennen, sich zu beruhigen und in Worte zu fassen, was sie fühlen.

Der erste Instinkt eines aufgebrachten Kleinkinds ist, zu weinen, zu schlagen oder etwas zu werfen. Ein Kleinkind kann lernen, seine Gefühle zu erkennen, wenn Sie ihm die Wörter dafür beibringen, sodass es sich zunehmend mit Worten statt durch sein Verhalten ausdrückt. Einem Kind zu sagen, dass es sich beruhigen soll, wird kaum funktionieren und kann einen neuen Anfall auslösen, weil es nicht weiß, wie man sich beruhigt. Sie könnten zu ihm sagen: »Ich sehe, dass du aufgebracht bist. Es kann dir helfen, wenn du tief und langsam atmest. Lass uns das gemeinsam probieren.«

Wenn Sie mit Ihrem Kind über Gefühle gesprochen haben, schlagen Sie bei einem Familientreffen vor, einen »ruhigen Ort« für jedes Familienmitglied einzurichten (siehe S. 158–159). Das ist ein angenehmer Ort, an dem Ihr Kind sich beruhigen kann, wenn es aufgebracht ist. Wenn es sich besser und in der Lage fühlt, sich angemessen zu verhalten, kann es in die Familie zurückkehren. Das Ziel ist nicht, zu strafen, sondern zu lehren – was Disziplin bedeutet (siehe S. 40). Ihr Kind lernt, was Gefühle sind, wie sie das Verhalten beeinflussen und wie es sich zukünftig angemessener verhalten kann.

“ ”

An seinem ruhigen Ort kann Ihr Kind über seine Gefühle nachdenken und erkennen lernen, wie sie sein Verhalten beeinflussen.

“ ” UNSERE GESCHICHTE

Als unsere Kinder etwa vier und sieben Jahre alt waren, überlegten wir, für jedes Familienmitglied einen ruhigen Ort einzurichten. Als unsere Kinder kleiner gewesen waren, hatten wir uns bemüht, ihnen zu helfen, ihre Gefühle in Worte zu fassen. Trotzdem hatten sie aus verschiedenen Gründen hin und wieder Wutanfälle, sodass wir dachten, ein ruhiger Ort für jeden von uns könnte uns allen ermöglichen, uns zu beruhigen und zu zentrieren.

Beide Kinder – Clark, der Ältere, und Natalie – waren von der Idee hellauf begeistert. Clark fragte, ob sein ruhiger Ort auch unsere Einfahrt sein könnte, wo er gern seinen Basketball dribbelte und in den Korb warf. Natalie wünschte sich einen Bereich in ihrem Zimmer zum Kreativsein und eine gemütliche Ecke, um mit ihren Stofftieren zu kuscheln. Ich entschied mich für meinen kleinen Computerraum, wo ich meine Musik hören konnte, und meine Frau wählte ihren Schaukelstuhl in unserem Schlafzimmer.

Wir waren zwar anfangs nicht sicher, ob diese Strategie funktionieren würde, stellten dann aber fest, dass das, was sich jeder für sich überlegt hatte, jeweils genau richtig war. Unsere Orte der Ruhe halfen definitiv, wenn einer von uns mal etwas Zeit für sich brauchte. Wir nutzen diese Orte auch heute noch.

Robert und Ruth, Eltern von Clark, 14 Jahre, und Natalie, 11 Jahre

EIN RUHIGER ORT IN DER PRAXIS

Reden Sie über Privatsphäre

Sprechen Sie bei einem Familientreffen darüber, dass der ruhige Ort Privatsphäre bietet, in der man allein sein und sich beruhigen kann. Es ist das Gegenteil der »Auszeit«, für manche Eltern das letzte Mittel, das Kinder oft noch mehr aufbringt, sodass sie weniger über ihr Verhalten nachdenken.

Gemeinsam beschließen

Suchen Sie den ruhigen Ort für Ihr Kind gemeinsam mit ihm aus. Wird es in diese Entscheidung miteinbezogen, wird es eher kooperieren und das Konzept eines Ortes, an dem es sich beruhigen kann, annehmen, weil es sich dort wohlfühlt und den Ort eher mit sich verbindet.

Ein Mittel für alle

Vereinbaren Sie, dass jeder in der Familie einem anderen Familienmitglied vorschlagen darf, seinen ruhigen Ort aufzusuchen, um eine Pause einzulegen. Machen Sie dies bei einem Familientreffen aus, wenn alle entspannt sind und sich als Teil eines Teams empfinden.

Den Vorschlag annehmen

Vereinbaren Sie, dass jedes Familienmitglied auf den Vorschlag eines Elternteils oder eines Geschwisters, eine Pause einzulegen, eingeht und mit ihm kooperiert. Wenn jemand bei der Besprechung zustimmt, sich aber nicht daran hält, versuchen Sie die Strategien von der Seite gegenüber.

Den ruhigen Ort gestalten

Besprechen Sie die Wahl der ruhigen Orte. Manche Menschen beruhigen sich durch Aktivität. Das »Was und Wo« könnte eine gemütliche Ecke sein, ein Schaukelstuhl, ein Ballspiel, der Garten oder eine Werkstatt, ausgestattet mit Büchern, Kissen, Musik, einem Aquarium, Farben, Ton oder einem Mini-Zen-Garten.

Setzen Sie kein Zeitlimit

Setzen Sie der Pause kein Zeitlimit. Anders als die »Auszeit« soll der ruhige Ort Ihrem Kind helfen, sich selbst zu regulieren: zu erkennen, wann es aufgebracht ist und eine Pause braucht, sich Zeit zum Nachdenken zu nehmen und zu wissen, wann es ruhig genug ist und wieder zur Familie zurückkehren kann.

Wenn Ihr Kind »Nein« sagt

Signalisiert Ihr Kind mit Worten oder durch sein Verhalten »Nein«, wenn Sie es bitten, seinen ruhigen Ort aufzusuchen, versuchen Sie Folgendes:

Ihr Kind könnte Ihre Bitte für eine Bestrafung halten, vor allem ein älteres Kind, das bereits eine »Auszeit« erlebt hat. Bleiben Sie eventuell die ersten Male bei ihm, damit es den Ort als beruhigend erlebt. Hat es sich eingewöhnt, lassen Sie es allein, damit es lernt, sich selbst zu beruhigen.

Seien Sie Vorbild. Suchen Sie Ihren ruhigen Ort auf. Nutzen Sie Strategien wie tiefes Atmen oder Lesen. Sagen Sie dann: »Jetzt geht es mir besser.«

Als letzten Ausweg fragen Sie Ihr Kind, ob Sie ihm helfen sollen, an seinen ruhigen Ort zu gehen. Ist das der Fall, führen oder tragen Sie es liebevoll dorthin.

“ ”

Ein ruhiger Ort bietet den Familienmitgliedern die Möglichkeit, über ein Problem nachzudenken und wieder zur Ruhe zu kommen.

Ein gemütlicher Ort, an dem man zur Ruhe kommt, ermutigt zur Selbstreflexion und fördert die Selbstregulierung.

SICH GEMEINSAM AN DER NATUR ERFREUEN

Zu den Montessori-Werten gehören die Wertschätzung und Bewahrung unserer Natur und unseres Planeten. Für Montessori ist es wichtig, dass Familien Zeit in der Natur verbringen. Das stärkt ihre Beziehungen untereinander und lässt Kinder eine starke Verbundenheit mit der Natur entwickeln, sodass sie sich später vielleicht sogar einmal aktiv für ihren Schutz einsetzen.

Die Natur beobachten

Studien zufolge wirken Kinder, die sich in der Natur aufhalten, ruhiger und geerdeter als Kinder, die viel Zeit drinnen verbringen, oft an digitalen Geräten. Mit der Familie die Natur zu erleben – ob bei Gartenarbeit, beim Spazierengehen im Park, beim Wandern oder beim Beobachten der Natur aus nächster Nähe – macht Spaß, kostet wenig und tut dem körperlichen und psychischen Wohlbefinden aller gut.

Gemeinsame Ausflüge schaffen Verbundenheit mit der Natur und wecken Respekt für sie.

- **Statten Sie Ihr Kind mit Utensilien** wie einer Lupe und einem kleinen Bestimmungsbuch aus, sodass es bei Ausflügen in die Natur kleine Tiere bestimmen kann. Wenn Sie zu Hause Platz haben, könnten Sie mit Ihrem Kind eine Ecke für Funde wie Steine, Äste und Blätter einrichten.
- **Zeigen Sie Ihrem Kind Pflanzen und Tiere** in verschiedenen Entwicklungsstadien. Es kann Objekte wie z. B. Eier mit seiner Lupe untersuchen und sie eventuell fotografieren, bevor die Brut schlüpft. Erklären Sie ihm, dass man natürliche Prozesse nicht stören darf und Lebewesen in ihrer natürlichen Umgebung lassen soll.
- **Zeigen Sie Ihrem Kind, wie es die Natur im Detail beobachten kann.** Schlagen Sie ihm vor, einen Flecken im Garten oder in einer anderen natürlichen Umgebung fünf Minuten lang genau zu beobachten. Dann kann es erzählen, aufschreiben oder malen, was es gesehen hat. Fragen Sie z. B.: »Welche Farben hast du in der Wiese gesehen? Hast du Insekten entdeckt? Welche Geräusche hast du gehört?«
- **Ein älteres Kind** kann ein Naturtagebuch führen, mit Texten oder Fotos. Sie könnten es auch anregen, Pflanzen nach der Natur zu malen, was vielleicht sein Interesse für botanische Illustrationen weckt. Es wird dabei Details bemerken, die es sonst vielleicht übersehen hätte. Gemeinsam können Sie ein digitales Tagebuch erstellen, mit Videoclips, die das Vergehen der Zeit dokumentieren, etwa durch das Wachstum einer Pflanze, die Sie beide gepflanzt haben.
- **Ermutigen Sie Ihr Kind,** Gedichte und Geschichten zu schreiben, die das Wunderbare der Natur einfangen.

Alter und Entwicklung

18 Monate – 6 Jahre

In dieser Zeit entwickelt sich die kindliche Verbundenheit zur Natur ganz entscheidend. Gehen Sie möglichst oft raus: zum Spielen, Entdecken, Essen und Entspannen, damit das Kind erlebt, dass es Teil der Natur ist.

6 – 12 Jahre

Längere, aufwendigere Aktivitäten wie nächtliches Sternegucken, Wandern und Angeln regen den Geist an, trainieren den Körper und stärken den familiären Zusammenhalt.

12 – 18 Jahre

Vielen Teenagern macht es Spaß, mit der Familie zu joggen, Rad zu fahren, zu campen oder Kanu zu fahren. Manche mögen es, in der Natur zu zeichnen und sich in Naturfotografie zu üben.

AUSFLÜGE MIT KLEINEN KINDERN

Wenn Sie mit Kindern im Alter von 18 Monaten bis sechs Jahren das Haus verlassen, ob zum Einkaufen, Spazierengehen oder für einen längeren Ausflug, müssen Sie für alles Mögliche gerüstet sein. Mit etwas Planung wird diese Herausforderung überschaubar.

Die Bedürfnisse Ihres Kindes

In Montessori-Familien bringen die Eltern ihren Kindern von Geburt an bewusst Respekt, Empathie, Verständnis und Rücksichtnahme entgegen. Daher planen sie Ausflüge sorgfältig, bevor Sie das Haus verlassen, damit diese für alle möglichst angenehm verlaufen. Unabhängig davon, ob Ihr Kind mit Veränderungen im Tagesablauf gut zurechtkommt oder nicht – gehen Sie bei Ihrem Aufbruch respekt- und rücksichtsvoll mit ihm um. Fragen Sie sich, warum Sie den Ausflug machen und wessen Bedürfnisse er erfüllt: Ihre, die Ihres Kindes oder die von Ihnen beiden? Wenn Sie ein Ziel ausgewählt haben, berücksichtigen Sie bei Ihrer Planung alle Bedürfnisse Ihres Kindes – wie Kleidung und Essen. Achten Sie unterwegs auch auf Anzeichen, ob Ihr Kind müde oder gereizt ist.

Wenn Kinder sich langweilen

Eltern sind oft besorgt, dass ihre Kinder sich langweilen könnten, wenn z. B. ein Ausflug nicht genug Anregung bietet.

Wenn Sie Ihr Kind bereits mit zwei Jahren dazu anleiten, kreativ zu sein und selbstständig zu denken, wird es sich selten langweilen, weil es lernt, Dinge zu finden, die es tun, bauen oder entdecken kann. Wird ein Kind ständig unterhalten und beschäftigt, fühlt es sich hingegen schnell ratlos, wenn es einmal sich selbst überlassen ist.

Ein wenig Unabhängigkeit

Wenn kleine Kinder mit Freunden im Park oder auf dem Spielplatz spielen, entfernen sie sich allmählich von ihren Eltern. Natürlich werden Sie in der Nähe bleiben und ein Auge auf Ihr Kind haben, und es wird immer wieder zu Ihnen kommen, um sich zu vergewissern, dass Sie noch da sind. Aber mit diesem Verhalten zeigt es, dass es allmählich eine gewisse Unabhängigkeit erprobt. Nun können Sie Ihrem Kind beibringen, in Sichtweite zu bleiben, Ihnen beim Überqueren der Straße die Hand zu geben und sich mit anderen Kindern mit einem Spielzeug abzuwechseln.

Noch wenig Ausdauer

Wenn Sie einen Familienausflug mit einem kleinen Kind planen, bedenken Sie, dass große Vergnügungsparks oder

UNSERE GESCHICHTE

Ob ich mit meinem Kleinkind nur einige Stunden oder einen ganzen Tag unterwegs bin – ich versuche unsere Ausflüge immer so vorzubereiten, dass sie möglichst reibungslos verlaufen. Das sieht bei uns so aus, dass wir für die unvermeidlich lange Autofahrt ein paar interessante Dinge zur Beschäftigung – z. B. verschiedene Bücher, nicht klecksende Malsachen und alles, was mit Magneten zu tun hat – und einen gesunden Imbiss oder ein Picknick als Mittagessen einpacken.

Ich sorge auch dafür, dass ich alle benötigten Kleidungsstücke dabei habe, auch Extras, je nach Wetter und Ausflugsziel. Wenn Ersatzkleidung im Auto liegt, kann ich unbesorgt sein, ob mein Kind sich schmutzig macht, sodass es seine Umgebung ungehindert erkunden kann, was fast immer damit endet, dass es durchnässt und matschig ist!

Am wichtigsten ist mir, genügend Zeit für unser Ausflugsziel einzuplanen. So haben wir keinen unnötigen Zeitdruck, und mein Kind kann seinem Forscherdrang ungestört und nach Herzenslust nachgeben.

Lauren (@modernmontimama), Mutter von A., 2 Jahre, und K., Neugeborenes

Sind Sie auf einen Ausflug mit Ihrem Kleinkind gut vorbereitet, merkt es, dass Sie seine Bedürfnisse berücksichtigen.

Veranstaltungen mit langen Warteschlangen und Menschenmassen nicht nur kostspielig sind, sondern für jüngere Kinder oft Stress bedeuten. Solche Ausflüge sind besser für ältere Kinder geeignet, die mehr Ausdauer haben und schon selbstständiger sind. Für Kleinkinder eignen sich einfachere, kleinere Unternehmungen ohne zu viele Ablenkungen. Diese bieten oft unterhaltsame Lernerfahrungen und im Idealfall reichlich Platz für Bewegung und Entspannung.

AUSFLÜGE MIT GRÖSSEREN KINDERN

Bei Ausflügen mit Kindern im Grundschul- und Teenageralter ist vorausschauende Planung wichtig, damit alle zufrieden sind und Machtkämpfe oder Zusammenbrüche erschöpfter Kinder vermieden werden. Ihr Ziel sind jetzt positive Erlebnisse, die bleibende und liebevolle Erinnerungen schaffen.

Routineaktivitäten

Es kann unvermeidlich sein, dass Ihr Kind Sie beim Einkaufen oder ähnlichen Unternehmungen begleiten muss. Viele Kinder gehen jedoch nicht gerne einkaufen, es sei denn, sie bekommen etwas, das sie sich wünschen. Meistens sind Eltern und Kinder dann früher oder später frustriert.

Wenn Sie Ihr Kind beim Einkaufen miteinbeziehen, engagiert es sich stärker, und für Sie wie auch für Ihr Kind wird es eine angenehmere Erfahrung. Sie könnten mit ihm besprechen, was Sie brauchen, und Ihr Kind kann mithelfen, die Einkaufsliste zu schreiben. Ein Grundschulkind können Sie im Supermarkt bitten, Ihnen den Weg zu verschiedenen Abteilungen zu zeigen. Auch wenn Ihr Kind in Ihrer Nähe bleiben soll, kann es mithelfen, indem es den Einkaufswagen vorsichtig um andere Einkäufer herum lenken darf.

Mit einem älteren Kind können Sie die Einkäufe aufteilen, indem Sie ihm auftragen, bestimmte Artikel von der Einkaufsliste zu holen, während Sie in einer anderen Abteilung etwas besorgen.

Gemeinsame Interessen finden

Familientreffen (siehe S. 22–23 und 64–67) bieten den Familienmitgliedern die beste Gelegenheit, einander mitzuteilen, was sie gern in der laufenden Woche tun möchten.

Schreiben Sie eine Liste aller Aktivitäten, die Ihre Familienmitglieder derzeit gerne gemeinsam unternehmen. Miteinander etwas zu tun, das allen gefällt, stellt sicher, dass alle eine positive Erfahrung machen.

Berücksichtigen Sie es auch, wenn manche Familienmitglieder gerne weit im Voraus planen, andere hingegen lieber spontan sind. Sind Sie sich dieser unterschiedlichen Vorlieben bewusst, können Sie Bedürfnisse innerhalb Ihrer Familie ausgleichen.

“ ”

Wenn Ihr Kind sich in eine Unternehmung einbezogen fühlt, ob dies nun ein Einkauf oder eine Freizeitaktivität ist, nimmt es lieber daran teil.

Geplante Ausflüge

Freizeitaktivitäten bieten die Chance, gemeinsame Zeit in einer anderen Umgebung zu genießen. Sie können mit Ihrem Kind Aktivitäten unternehmen, bei denen Sie andere treffen, oder etwas tun, das Sie gemeinsam erleben.

- **Bedenken Sie, dass lange Fahrten** anstrengend sind. Überlegen Sie es sich also gut, bevor Sie mit Kindern lange Strecken zurücklegen. Wenn Sie weit fahren müssen, machen Sie die Reise möglichst zu einem gemeinsames Erlebnis, mit Singen, Gesprächen, Spielen, Geschichten oder einem Hörbuch, das alle interessiert. Vermeiden Sie es, Geräte mit Filmen und Programmen zu bestücken, die sich Ihr Kind allein anschaut. Das kann es zwar bei Laune halten, bedeutet aber, dass jedes Familienmitglied in seiner eigenen Welt ist, statt sich einander zuzuwenden.
- **Leben Sie Ihrem Kind vor,** wie man Erlebnisse genießt und seine Umgebung wahrnimmt. Finden Sie Aktivitäten, die der ganzen Familie Spaß machen, etwa eine Wanderung am Wochenende oder gemeinsame Hobbys wie Radfahren, Kanu-, Kajakfahren oder Angeln, bei denen Sie in der Natur sind und sich bewegen. Wenn Sie ein Fernglas mitnehmen, können Sie nach Vögeln und Wildtieren Ausschau halten. Ausflüge zu Messen, Bauernmärkten oder Festivals können Ihrem Kind neue Welten eröffnen und es neue Lebenskompetenzen lehren, z. B. sich ruhig durch eine Menschenmenge zu bewegen.

Gemeinsam unterwegs bieten sich oft schöne Gelegenheiten für ein Gespräch ohne Ablenkungen.

BESONDERE AUSFLÜGE

Unternehmen Sie mit Ihrem Kind auch Dinge, die außerhalb des Alltäglichen liegen, wie Essen gehen oder ein Museum oder eine öffentliche Veranstaltung besuchen. Bieten Sie Ihrem Kind dabei Erfahrungen, die für Sie zum Erwachsenwerden gehören, bei denen es etwas über seine Gemeinschaft und seine Kultur lernt und eventuell Interesse an Aktivitäten, Orten oder Ideen entdeckt. Es kann auch lernen, sich in bestimmten Situationen höflich, angemessen und sicher zu verhalten.

Alter und Entwicklung

18 Monate–6 Jahre
Wählen Sie Ihre Ausflugsziele sorgfältig, um den gewohnten Tagesablauf möglichst wenig zu stören und Ihr Kind nicht zu überreizen. Nehmen Sie zur Beschäftigung z. B. Malbücher mit. Seien Sie bereit zu gehen, wenn Ihr Kind Anzeichen von Müdigkeit zeigt.

6–12 Jahre
Erklären Sie Ihrem Kind, wie es sich im Publikum, im Restaurant oder bei einer Veranstaltung verhält und sich auf langen Fahrten beschäftigt. Beziehen Sie Ihr Kind mit ein, wenn Sie Aktivitäten und Snacks planen.

12–18 Jahre
Ihr Teenager sollte seine Kleidung für Ausflüge selbst auswählen und packen können. Überprüfen Sie den Stand, ohne ihn zu bevormunden.

Was es zu beachten gilt

Berücksichtigen Sie bei der Auswahl eines Ausflugsziels das Alter Ihres Kindes und seine Reife. Schon ein sehr kleines Kind kann lernen, sich in einer neuen Situation gut zu benehmen und auf andere Rücksicht zu nehmen. Überlegen Sie jedoch, ob es sinnvoll ist, eine Veranstaltung zu besuchen oder einen Ausflug zu machen, wenn es absehbar ist, dass Ihr Kind schnell das Interesse verlieren wird oder seine Ausdauer nicht ausreicht. Wie wahrscheinlich ist es z. B., dass Ihr Kleinkind im Restaurant unruhig wird und sich unangemessen verhält?

Neue Erfahrungen bieten

Bei besonderen Unternehmungen kann Ihr Kind neue Fähigkeiten erwerben und Wertschätzung und Verständnis für neue Erfahrungen entwickeln. Sie können seine Interessen erweitern und ihm neue Aktivitäten nahebringen, wenn Sie sie auf die richtige Weise einführen.

- **Informieren Sie Ihr Kind vorher** darüber, was Sie unternehmen, welches Verhalten Sie von ihm erwarten und welche Kleidung angemessen ist.
- **Wenn Ihr Kind eine neue Situation** kennenlernt, ist es ratsam, es zunächst nur kurz zu exponieren. Muss es z. B. ein langes Theaterstück oder eine ganze Sportveranstaltung durchstehen, wird es ermüden und quengelig

Neue Erfahrungen wie etwa der Besuch eines Kunstmuseums erweitern den Horizont Ihres Kindes.

werden und dasselbe nicht noch einmal erleben wollen. Ihr Ziel sollte es sein, den Ausflug für Ihr Kind zu einem positiven Erlebnis zu machen.

Ausflugsziele auswählen

Überlegen Sie, welche Erlebnisse für Ihre Familie interessant, erschwinglich und machbar sind, ob an Ihrem Wohnort, bei einem Tagesausflug oder einem Urlaub. Idealerweise erfährt Ihr Kind dabei, was Ihr Ort und die nähere Umgebung zu bieten haben. Das könnten ein ausgefallenes Restaurant, eine Ausstellung in einem Museum, ein Theaterstück, das der ganzen Familie Spaß macht, oder eine neue Gegend sein.

Wichtig ist, dass Sie vor allem ältere Kinder, die eigene Ideen haben können, bei Familientreffen in Ihre Planung einbeziehen. Diskutieren Sie z. B. über verfügbare Zeit, Kosten und Sehenswürdigkeiten. Oder schlagen Sie zwei oder drei Alternativen vor, die Sie sich zuvor überlegt haben. So weiß Ihr Kind, dass Sie einen Ausflug planen, hat eine Vorstellung davon, was in etwa auf es zukommt, und hoffentlich das Gefühl, am Entscheidungsprozess beteiligt gewesen zu sein.

STRATEGIEN FÜR DEN ALLTAG

SCHLECHTES BETRAGEN NEU BEWERTET

Wie viele Präventionsstrategien Sie auch anwenden, wie viel Sie auch über Erziehung lesen, Ihr Kind wird sich manchmal daneben benehmen. Es muss erst noch lernen, mit seinen Emotionen umzugehen, seine Bedürfnisse angemessen zu äußern und seine Grenzen zu verstehen.

Ihre Reaktion auf das Verhalten Ihres Kindes kann positiv oder negativ beeinflussen, wie es kommunizieren, Probleme lösen und Verantwortung für sein Tun übernehmen lernt. Elterliche Reaktionen gemäß den Montessori-Werten bestehen darin, dass Sie ruhig bleiben, wenn Sie mit Ihrem Kind interagieren; sich bewusst sind, dass Ihr Kind noch im Begriff ist zu lernen; dass Sie das Verhalten des Kindes nicht persönlich nehmen; und dass Sie ihm helfen, seine Probleme zu verstehen und zu lösen. Ein Kind kann aus vielen Gründen schwierig oder aggressiv sein oder stören. Reizbarkeit und schlechte Laune können ihre Ursache in Hunger, Müdigkeit, Unwohlsein oder Sensibilität gegenüber Veränderungen haben. Es hilft, auf die körperlichen Bedürfnisse Ihres Kindes zu achten und vorausschauend zu sein. Mit schlechtem Betragen kann Ihr Kind aber auch emotionale Bedürfnisse vermitteln – den Wunsch, sich geliebt zu fühlen, Kontrolle zu haben, dazuzugehören und wertgeschätzt zu werden (siehe S. 38). Die Strategien auf S. 170–171 helfen Ihnen bei schwierigem Verhalten, das derlei Ursachen hat.

“ ”

Ihr Kind lernt mit der Zeit, seine Bedürfnisse angemessen auszudrücken, und versteht, wo seine Grenzen liegen.

„" UNSERE GESCHICHTE

Uns fiel auf, dass unsere achtjährige Tochter sich beklagte oder einfach verschwand, wenn sie auch nur die kleinste Kleinigkeit erledigen sollte, ob es darum ging, ihr Frühstück zu holen, ihr Bett zu machen oder Kleider für einen Ausflug herauszusuchen. Wir wussten, dass sie diese alltäglichen Aufgaben durchaus selbstständig erledigen konnte, aber ... sie tat es einfach nicht.

Also beschloss ich, die Aufgaben in kleinere Schritte aufzuteilen, die sie erfolgreich bewältigen konnte, um ihr Selbstvertrauen zu stärken. Das funktionierte jedoch nicht und die Situation wurde eher noch schlimmer. Sie wurde trauriger und verschwand immer häufiger in ihrem Zimmer. Schließlich, nachdem ich ein Muster gesucht und zum Schluss gekommen war, dass sie nicht etwa müde war oder Grenzen austesten wollte, kam ich auf die Idee, meine eigenen Gefühle in diesen Situationen zu überprüfen, statt nur das Verhalten meiner Tochter zu sehen. Ich erkannte, dass ich Ärger verspürte. Nun konnte ich über meinen Ärger hinaus schauen und erkennen, dass das, was sie wirklich wollte, meine Aufmerksamkeit war.

Ich sprach mit ihr über ihre Gefühle und wie sie mir sagen könnte, was sie denkt. Dann überlegten wir, wie ich ihr zeigen könnte, dass ich sie liebe und sie mir wichtig ist. Sie fragte, ob ich ihr manchmal helfen könne, ihr Zimmer aufzuräumen, und abends vor dem Licht ausmachen mit ihr kuscheln und etwas lesen würde. Es war erstaunlich, wie einfach sich ihre Bedürfnisse stillen ließen, als mir die Ursache für ihr Verhalten bewusst war.

Jane, Mutter von Cheryl, 8 Jahre

SCHLECHTES BETRAGEN NEU BEWERTET IN DER PRAXIS

Das Bedürfnis nach Liebe

Will ein Kind ständig Aufmerksamkeit, auch wenn Sie beschäftigt sind, braucht es die Bestätigung Ihrer Liebe. Wenn es sich Ihnen nähert, geben Sie ihm wortlos mit einer liebevollen Geste ein Zeichen, zu Ihnen zu kommen. Unterbrechen Sie Ihre Arbeit nicht. Diese einfache Geste kann verhindern, dass das Verhalten eskaliert.

Das Bedürfnis nach Zugehörigkeit

Wenn Ihr Kind zu Ihnen oder anderen unfreundlich ist, braucht es die Gewissheit, dass Sie es akzeptieren – wenn auch nicht sein Verhalten –, und dass es Teil der Familie ist. Ein Kind fühlt sich z. B. ausgeschlossen, wenn ein Baby geboren wird, und kann sagen, es hasse es. Antworten Sie z. B.: »Ich verstehe, was du fühlst; das Baby nimmt mich in Anspruch, das tut mir leid. Lass uns Wege finden, Zeit miteinander zu verbringen.«

Das Bedürfnis nach Kontrolle

Stellt Ihr Kind Ihre Autorität infrage, z. B. indem es eine Aufgabe verweigert, braucht es das Gefühl, selbst entscheiden zu können. Wenn eine Klärung wichtig ist, sprechen Sie in einem ruhigen Moment mit ihm. Sagen Sie, dass Sie wissen, dass es genervt ist, Sie aber eine Lösung brauchen. Erarbeiten Sie diese gemeinsam und halten Sie sie ein.

Eine liebevolle Geste kann Ihr Kind Ihrer Liebe versichern und ihm zugleich signalisieren, dass Sie mit etwas Wichtigem beschäftigt sind.

Das Bedürfnis nach Wertschätzung

Wirkt Ihr Kind verzagt, kann Bestätigung helfen. Teilen Sie Aufgaben in Schritte ein und ermuntern Sie Ihr Kind zum ersten Schritt. Ist er getan, nehmen Sie das zur Kenntnis. Sie können die Aufgabe beenden und Ihr Kind nächstes Mal zu einem weiteren Schritt ermutigen. So baut es auf kleinen Erfolgen auf.

Mit Machtkämpfen umgehen

Wenn Ihr Kind Sie herausfordert (siehe linke Seite), gibt es neben einem Gespräch weitere Reaktionsmöglichkeiten:

Bieten Sie Alternativen an. Das kann eine enge Auswahl sein, z. B. zwischen zwei Arten von Kleidungsstücken.

Lassen Sie Ihre Position los. Manchmal fällt es uns schwer, Ideen unserer Kinder anzunehmen. Kinder können sehr kreativ sein und andere Wege zum selben Ziel finden. Öffnen Sie sich für ihre Vorschläge.

Übertragen Sie Verantwortung. Wenn Sie z. B. wegen einer Aufgabe streiten, übertragen Sie Ihrem Kind Verantwortung, auf die es stolz ist.

Benutzen Sie ein Wort für Aufgaben, für die Ihr Kind zuständig ist. Sagen Sie z. B. für das Einräumen der Spülmaschine einfach »Geschirr«.

Vereinbaren Sie ein Signal. Bei häufigen Machtkämpfen kann jeder von Ihnen es benutzen, wenn er merkt, dass der andere anfängt. Auf das Signal hin hören Sie beide auf und setzen noch mal neu an.

DIE GEBURT EINES BABYS

Die Geburt eines Kindes, ob des ersten oder eines Geschwisters, verändert die Familiendynamik. Vorbereitend gilt es, praktische Überlegungen anzustellen, etwa wie man den Platz zu Hause neu aufteilt und welche Vorräte man benötigt, aber auch, wie man größere Kinder auf das Baby vorbereitet und sich Aufgaben mit dem Partner teilt.

Vorbereitet sein

Überlegen Sie, wo Ihr Baby schlafen und spielen wird und wo Sie es wickeln, anziehen und füttern. Wenn Ihr Baby mit einem Geschwister ein Zimmer teilen wird, bereiten Sie Ihr älteres Kind auf den neuen Zimmergenossen vor.

Die Ankunft des ersten Kindes ist für Eltern der richtige Zeitpunkt, um Erziehungsmethoden, Disziplin und Familienwerte zu besprechen (siehe S. 20–21).

Neue Familiendynamik

Ein neues Baby wird in der Familie viel Aufmerksamkeit beanspruchen. Pflegen Sie nun die familiären Beziehungen, verbringen Sie Zeit mit Ihrem Partner und teilen Sie sich die Fürsorge. Ein neues Baby kann für ein größeres Geschwister dramatisch sein. Es kann sich fragen, wo es nun bleibt, wenn das Baby alle Aufmerksamkeit bekommt. Lassen Sie Ihr

> „Ein Baby kann den Fokus einer Familie verlagern. Ältere Geschwister benötigen nun eventuell etwas Führung."

Darf sich Ihr älteres Kind unter Ihrer Aufsicht um das Baby kümmern, hilft ihm das, sein neues Geschwister anzunehmen.

“ ” UNSERE GESCHICHTE

Wie alle frisch gebackenen Eltern erlebte ich bei der Geburt unseres ersten Kindes Gefühle, wie ich sie nie zuvor verspürt oder gekannt hatte. Die starken Emotionen bewirkten, dass ich mich als vollständigerer Mensch fühlte. Ich war stolz, glücklich und in meine Tochter verliebt und hatte Träume für ihre Zukunft. Ich wurde auch ängstlicher und machte mir Sorgen um sie und die Welt, in die sie hineingeboren worden war.

Als wir unser zweites Kind erwarteten, verliebte sich unsere Tochter in den wachsenden Bauch meiner Frau. Sie lauschte an ihm, betrachtete ihn und berührte ihn. Wir erzählten ihr, wie ihr Bruder darin wuchs. Am Tag seiner Ankunft ging ich mit ihr in ihr Lieblingsgeschäft, wo sie ein besonderes Geschenk für ihren Bruder aussuchen durfte. Das taten wir auch bei unserem dritten Kind und in beiden Fällen wurden die neuen Geschwister mit großer Freude begrüßt. Um zu verkünden, dass unser viertes Kind unterwegs war, kam meine Frau mit Luftballons und einem Kuchen nach Hause. Zwei unserer Kinder feierten. Das dritte brach in Tränen aus und rief traurig: »Noch eins!« Heute, vier Jahre später, sind unsere vier Kinder tagtäglich zusammen und gehen liebevoll und friedlich miteinander um …. meistens jedenfalls.

David, Vater von Eden, 10 Jahre, Eli, 8 Jahre, Ewan, 6 Jahre, und Ethan, 4 Jahre

Kind spüren, dass Sie ein Familienverband sind, in dem genug Liebe für alle da ist, und dass dem älteren Geschwister eine wichtige Rolle zukommt. Erklären Sie vor der Geburt, was sich verändern wird, beantworten Sie Ihrem Kind alle Fragen und versichern Sie ihm, dass jedes Familienmitglied zählt. Ein Kind kann das hören und dennoch nicht glauben und sich ausgeschlossen oder frustriert fühlen. Beobachten Sie Ihr Kind, hören Sie seinen Sorgen zu und beantworten Sie seine Fragen, um ihm seine Ängste zu nehmen.

- **Beziehen Sie ältere Geschwister** in die Vorbereitungen für das Baby mit ein. Sie können z. B. das Zimmer mit einrichten oder Bücher aussuchen.
- **Nach der Geburt** können Geschwister je nach Interesse und Alter beim Baden und Füttern helfen und Bücher mit anschauen.

WENN FAMILIEN SICH VERÄNDERN

Wenn Familien durch ein Adoptiv- oder Pflegekind wachsen oder zwei Partner mit Kindern aus früheren Beziehungen eine Patchworkfamilie gründen, müssen oft eine ganze Reihe von Beziehungen zwischen Erwachsenen und Kindern neu geknüpft und Routinen angepasst werden.

Familienstrukturen

Jede Familie ist einzigartig, und Familien können viele Gesichter haben. Die in diesem Buch vorgestellten Strategien und Leitlinien eignen sich für alle Familienstrukturen. Das Montessori-Ethos strebt ein Zuhause an, in dem Kinder und alle anderen Familienmitglieder wachsen und tiefe Bindungen zueinander entwickeln können. Diese Bindungen sind hoffentlich zutiefst positiv, freundlich und von wechselseitiger Unterstützung, Liebe und Respekt geprägt.

Wenn sich Familienstrukturen verändern, müssen oft neue Beziehungen aufgebaut werden, z. B. zwischen größeren Kindern und Erwachsenen, die sich vorher nicht kannten. Besonders viel Zeit und Zuwendung können nun erforderlich sein, damit sich jedes Familienmitglied geliebt, gehört und zugehörig fühlt und die neuen Familienmitglieder lernen, harmonisch zusammenzuleben.

> “ ”
>
> Wie Ihre Familie auch zusammengesetzt sein mag, das Ziel der Eltern ist ein Zuhause, in dem sich alle Familienmitglieder stark miteinander verbunden fühlen.

Herausforderungen

Wenn einer oder mehrere neue Erwachsene in das Leben eines Kindes treten, steht dieses vielen neuen Herausforderungen gegenüber.

In einer Patchworkfamilie hat ein Kind vielleicht schon das Trauma einer Trennung, einer Scheidung oder des Todes eines Elternteils erlebt. Es steht vor weiteren Herausforderungen, wenn sein Elternteil einen neuen Partner findet, der Teil seines Lebens wird. Für ein Kind kann es unangenehm oder schwierig sein, einen neuen Elternteil zu akzeptieren und vielleicht sogar zu lieben. Es kann auch sein, dass Kinder sich an neue Geschwister gewöhnen müssen, wenn ein neuer Partner Kinder mitbringt oder ein Adoptiv- oder Pflegekind in die Familie kommt.

Für manche Kinder kann eine solche Erfahrung sehr positiv sein. Andere Kin-

Ein Kind in einer freundlichen Umgebung willkommen zu heißen erleichtert ihm den Übergang in sein neues Zuhause.

der reagieren traurig, ängstlich, gereizt oder verunsichert. Es kann viel Geduld, Liebe und elterliche Alltagskompetenzen erfordern, Kindern zu helfen, sich an eine neue Situation anzupassen.

- **Wenn Sie in einer Partnerschaft sind,** kooperieren Sie eng als Erziehungsteam. Versetzen Sie sich in jedes Kind hinein und führen Sie Regeln ein, die der neuen Familiendynamik eine mitfühlende, liebevolle und konsequente Struktur geben. In Patchworkfamilien besteht die größte Herausforderung und die wichtigste Lektion für Kinder wie Erwachsene oft darin, jeden einzelnen zu respektieren.
- **Wenn ältere Kinder** aus verschiedenen Familien Teil desselben Haushalts werden, geben Sie den Kindern Zeit, einander kennenzulernen, damit sie sich allmählich in ihre neue, erweiterte Familie einfinden können. Geben Sie den Familienmitgliedern Zeit, Bindungen zueinander aufzubauen, bevor Sie in den Urlaub fahren oder ein neues Familienmitglied Ihrer erweiterten Familie vorstellen.
- **Wenn Sie ein Pflege- oder Adoptivkind** aufnehmen möchten, beziehen Sie Ihre Kinder in den Prozess mit ein. Sprechen Sie bei einem Familientreffen darüber, was dies bedeutet und wie sich Ihr Familienleben ändern könnte.
- **Seien Sie geduldig,** freundlich und konsequent, während Sie den neuen Kindern helfen, eine Familienkultur und Hausregeln (siehe S. 22 und 41) zu verstehen und anzunehmen, die ganz anders sein können als das, was sie gewohnt sind.

GESCHWISTER FÜHREN

Die sichere Umgebung der Familie ermöglicht Geschwistern zu lernen, wie man kommuniziert, kooperiert, teilt, einander widerspricht und sich doch der Zuneigung füreinander sicher ist. Als Eltern sind wir bestrebt, Geschwister so durch ihre Interaktionen zu führen, dass sie Fähigkeiten erwerben, die ihnen erfüllte und liebevolle Beziehungen innerhalb und außerhalb der Familie ermöglichen.

Respektvolle Beziehungen

Jedes Kind ist einzigartig, und seine Beziehung zu einem Geschwister kann anders sein, als Sie es sich vorgestellt oder selbst als Kind erlebt haben. Unterschiedliche Persönlichkeiten, Interessen und Altersunterschiede können dazu führen, dass Geschwister sich sehr nahestehen und viele Interessen teilen oder, im Gegenteil, lieber eigene Wege gehen.

Verhaltensmuster

Streit zwischen Geschwistern kommt in Familien häufig vor und Sie müssen sich vielleicht schließlich einmischen, um zu schlichten. Es können sich Verhaltensmuster einschleichen, ein Kind provoziert und ärgert das andere oder sucht Ihre Aufmerksamkeit. Achten Sie in den verschiedenen Entwicklungsphasen Ihrer Kinder auf solche Muster. Bleiben Sie möglichst ruhig, beobachten Sie das Geschehen objektiv und nutzen Sie vorbeugende Strategien, bevor ein Streit beginnt oder zu weit geht. Die Strategien auf S. 108–111 helfen, Streit zu entschärfen; auf S. 156–159 wird der Einsatz des ruhigen Ortes erklärt; und auf S. 168–171 lesen Sie, wie Sie häufigem schlechtem Betragen begegnen.

Mit Streit umgehen

Geschwisterrivalität ist in Familien häufig und kann für alle eine Herausforderung sein. Sie kann sich darin äußern, dass ein Kind Ihre Aufmerksamkeit will, indem es Sie mit etwas stolz machen oder von Ihnen gelobt werden möchte, in der Familie damit aber Disharmonie schürt oder Ihre Hausregeln herausfordert (siehe S. 41). Machen Sie Ihren Kindern klar,

Das Gefühl der Zugehörigkeit

Ihr Ziel ist es, jedem Kind das Gefühl zu geben, dass es dazugehört, dass es so gesehen wird, wie es ist, dass es geliebt und respektiert wird und dass seine Stimme zählt.

- Erklären Sie Ihrem Kind, dass seine Stimme gehört wird, es aber auch andere respektieren muss und nicht gemein oder verletzend sein darf.
- Bringen Sie Ihren Kindern bei, einander zu sehen, zu hören und wertzuschätzen und jedes Familienmitglied zu unterstützen.

dass es für das Verhalten in der Familie konsequente, faire und liebevolle Grenzen gibt. Sprechen Sie bei Ihren wöchentlichen Familientreffen über die Streitigkeiten und suchen Sie Lösungen, führen Sie mit einem Kind ein ruhiges Einzelgespräch oder unternehmen Sie etwas Schönes mit der ganzen Familie, damit die Geschwister lernen, miteinander auszukommen und Streit beizulegen.

- **Helfen Sie Geschwistern,** bei Familienaktivitäten Harmonie zu wahren, indem Sie jedes Kind mal führen lassen und älteren erklären, dass jüngere lernen müssen, sich abzuwechseln.
- **Machen Sie sich bewusst,** wie Sie auf Ihre Kinder reagieren. Urteilen Sie nicht, halten Sie sich an Fakten, nicht an Emotionen, bleiben Sie ruhig und konsequent.

“ ”

Geschwister streiten manchmal, aber die Familie ist ein sicherer Hafen, in dem sie lernen können, miteinander zu kommunizieren.

Fühlt sich jedes Kind beachtet und sieht, dass die Familienregeln fair angewendet werden, fördert das ihr friedliches Miteinander.

FAMILIENTRADITIONEN UND -FESTE

Familientraditionen und -feste schaffen in den Jahren, in denen die Kinder klein sind, beruhigende Strukturen und bieten den Eltern Gelegenheit, ihren Kindern zu zeigen, dass sie sie lieben und wertschätzen.

Traditionen, die uns von unseren Eltern überliefert wurden, vielleicht auch neue, die wir selbst ins Leben rufen, oder solche unserer eigenen und anderer Kulturen und Glaubensrichtungen, die wir neu entdecken, öffnen uns für das Wunder und die Freude des Lebens. Unabhängig davon, ob wir einer formellen Glaubensgemeinschaft angehören oder nicht, ermöglichen uns manche Feste, unseren Kindern auf einfache Weise die moralische und spirituelle Lektion von Liebe, Freundlichkeit, Freude und Vertrauen in die grundlegende Güte des Lebens zu lehren. Alltagsroutinen, die das Familienleben zelebrieren, vermitteln auch Sicherheit und Geborgenheit.

“ ”

Beim Feiern von Festen und überlieferten oder neu eingeführten Familientraditionen lernt Ihr Kind, sich am Leben zu freuen und es wertzuschätzen.

SINN FÜR DAS WUNDERBARE

Eines der wertvollsten Geschenke, das wir unseren Kindern mit Festen und Familientraditionen machen können, ist die Erziehung des Herzens, das Vermitteln von Freude am und Wertschätzung für das Leben, einen Sinn für das Poetische und Verbundenheit mit der ganzen Menschheit.

Traditionen weitergeben

Das Familienleben ist oft hektisch und stressig, und bald schon sind den Kindern die Freunde wichtiger als die Familie.

- **Aktivitäten und Ereignisse** wie Geburtstage, ein jährlicher oder regelmäßiger Ausflug oder Urlaub, vielleicht mit der ganzen Familie, bieten uns die Chance, Zeit miteinander zu verbringen und gemeinsam Neugier und Freude zu erleben.
- **Familientraditionen und -feiern** können uns die Verbundenheit mit der Natur spüren lassen. Kinder bringen uns der Schönheit der Welt nahe, wenn wir mit ihnen Muscheln sammeln, in den Wind hineinrufen, einen Drachen steigen lassen oder Fußabdrücke im Sand hinterlassen. Erleben wir die Schönheit der Welt und der Jahreszeiten bewusst, verspüren wir inneren Frieden und Ehrfurcht vor dem Leben. Ohne einen Sinn für das Wunderbare wird die Welt alltäglich, aber wenn wir uns öffnen, wird unsere Seele berührt.

Familientraditionen wie alljährliche Ferien stärken die Bindungen, schaffen wertvolle Erinnerungen und schenken tiefe innere Sicherheit.

TRADITIONEN FÜR DEN FAMILIENALLTAG

Familientraditionen können groß oder klein sein. Über die jährlichen Feste hinaus können in den Familienalltag liebevolle Gesten und Zeremonien eingestreut werden. Solche kleinen Aufmerksamkeiten bereichern die Welt des Kindes. Kinder werden oft an alltägliche Familienrituale denken, sie wertschätzen und weitergeben.

Dankbarkeit zeigen

Traditionen des gegenseitigen Dankens sind ein wertvoller Bestandteil des Familienlebens. So können Sie Familientreffen mit einem Moment der Wertschätzung und Anerkennung für etwas, das einzelne Familienmitglieder getan haben (siehe S. 22 und S. 66), beginnen, sowie einfache Gesten einführen, mit denen die Familienmitglieder Anerkennung und Dank füreinander ausdrücken. Zeigen wir unseren Kindern, wie wichtig es ist, zu danken, erwerben sie soziale Fähigkeiten, die ihnen ermöglichen, starke Beziehungen aufzubauen.

- **Ein »Danke«-Schild** in der Küche oder einfach ein Zettel am Kühlschrank kann einen Ort schaffen, an dem die Familienmitglieder sich danken können.
- **Ein »Freundlichkeitskranz«** ist eine lustige Art, Danke zu sagen. Wenn jemand eine Nettigkeit bemerkt, bindet er ein Band an einen Drahtkranz, der mit der Zeit immer bunter wird.
- **Einem kleinen Kind,** das in eine Kindertagesstätte geht, kann es sehr viel bedeuten, wenn Sie ihm einen Zettel mit einer fröhlichen, liebevollen Nachricht oder vielleicht ein Bild, das Liebe und Ermutigung symbolisiert, in die Brotbox legen.

Einfache, liebevolle Gesten können Traditionen begründen, die Ihr Kind später weiterführt.

Erinnerungen schaffen

Alltagstraditionen können auch für die Mahlzeiten und andere Momente mit der Familie eingeführt werden. Schmücken Sie den Esstisch, z. B. am Wochenende, mit Kerzen, Blumen und besonderem Geschirr, schaffen Sie etwas Festlichkeit, auch Dank kann jetzt ausgedrückt werden (siehe S. 80).

Nach dem Essen können Sie sich hin und wieder etwas Lesezeit mit der Familie nehmen. Die Idee ist, positive Erfahrungen und schöne Erinnerungen zu schaffen, Ihrem Kind Freude an nichtdigitalen Aktivitäten zu vermitteln, bei denen es mit anderen interagiert, und seine Liebe zur Literatur zu fördern. Es genügt eine halbe Stunde, in der Sie einander etwas vorlesen, vielleicht ein Gedicht oder eine Textstelle aus einem Buch, und von Geschichten erzählen, die Ihnen etwas bedeuten, bevor sich jeder wieder anderen Aktivitäten wie Hobbys, Hausaufgaben oder Fernsehen zuwenden. Das kann Ihr Kind dazu anregen, über eine Geschichte oder ein Buch, das es berührt oder seine Fantasie anregt, nachzudenken und zu sprechen.

Wenn Ihr Kind schon lesen kann, können Sie sich beim Vorlesen abwechseln. Das soll Spaß machen und keine Last sein, prüfen Sie daher unbedingt, ob Ihr Kind Freude daran hat.

Alter und Entwicklung

18 Monate – 6 Jahre

Machen Sie eine Tradition daraus, wie Sie die Familie zum Essen rufen, z. B. indem Sie ein Lied singen, eine Glocke läuten oder jeden leise zu Tisch bitten. Am Tisch könnten Sie ein Dankgebet sprechen oder ein Gedicht vorlesen, bevor Sie mit dem Essen beginnen.

6 – 12 Jahre

Fragen Sie Ihr Kind vor dem Schlafengehen, was das Unangenehmste und das Beste an seinem Tag war; was hat es zum Lachen gebracht, was hat es gelernt?

12 – 18 Jahre

Wie ein jüngeres Kind fragen Sie Ihren Teenager abends nach seinem Tag. Reden Sie darüber und erzählen Sie von Ihrem Tag.

“ ”

Kleine Akte der Freundlichkeit und Gesten, die den Alltag zelebrieren, können Bestandteil des Familienlebens werden und Traditionen schaffen, die Ihr Kind später vielleicht fortführt.

DIE JAHRESZEITEN ZELEBRIEREN

Die Jahreszeiten machen das Vergehen der Zeit in der Natur sichtbar. Viele Familien pflegen Traditionen, die in ihrer Kultur üblich sind, aber natürlich kann Ihre Familie auch eigene jahreszeitliche Traditionen schaffen.

Die Jahreszeiten beobachten

Jahreszeitliche Veränderungen gibt es überall auf der Welt, auch wenn sie in manchen Breitengraden stärker ausgeprägt, in anderen kaum bemerkbar sind. Die Tage werden länger oder kürzer, Tiere ziehen fort und kehren zurück, Pflanzen blühen und Früchte reifen, Wildtiere bekommen Nachwuchs und das Wetter ist trockener oder regnerischer. Beobachtet Ihr Kind die Jahreszeiten, erfährt es, wie sich die Natur im Laufe eines Jahres wandelt. Machen Sie es auf kleine Details aufmerksam, die es möglicherweise übersieht.

Alter und Entwicklung

18 Monate–6 Jahre
Weisen Sie Ihr Kind auf Anzeichen für den Wechsel der Jahreszeiten hin, z. B. die ersten Frühlingsknospen, und erklären Sie die Sonnenwenden. Ab etwa vier bis fünf Jahren kann Ihr Kind bei den jahreszeitlichen Dekorationen mithelfen.

6–12 Jahre
Ihr Kind hat große Freude an saisonalen Dekorationen und Projekten. Erklären Sie ihm die Symbolik hinter den Traditionen.

12–18 Jahre
Weisen Sie Ihr Kind darauf hin, dass es saisonale Traditionen weiterführen kann. Ermutigen Sie es dazu, an Traditionen teilzunehmen oder sie aktiv mitzugestalten.

Jahreszeiten zelebrieren

Die Menschen feiern Sonnenwenden, die Übergänge zwischen Jahreszeiten, auf vielerlei Weise. Vielleicht zelebriert Ihre Familie den Beginn einer neuen Jahreszeit mit einem Jahreszeitensymbol im Haus oder im Freien. Kleinen Kindern werden damit der Lauf der Zeit und der Wandel der Jahreszeiten bewusst gemacht. Ihr Kind wird lernen, dass die Dinge, mit denen Sie Ihr Haus schmücken, mit dem Zeitenlauf verbunden sind, und sich daran erfreuen.

Auch wenn die Jahreszeiten in jedem Teil der Welt anders ausgeprägt sind und sich die Traditionen, sie zu feiern, an Ihrem Wohnort sicher von denen in anderen Regionen unterscheiden, lassen sich doch viele Gemeinsamkeiten feststellen. Zu diesen Ritualen gehören in der Regel Dekoration, Speisen, Handlungen und traditionelle Feiern.

Ein jahreszeitenabhängiger Naturtisch macht Ihrem Kind den Wandel der Natur in Ihrer Region bewusst.

- **Überlegen Sie sich jahreszeitentypische Symbole.** In nördlichen Hemisphären können ein Kürbis, ein Kranz mit farbigen Ranken, Blättern, Nüssen und Beeren den Herbst symbolisieren, Stechpalmen und immergrüne Zweige den Winter. In subtropischen Gegenden kann man Palmwedel sammeln. Auch ein bunter Blumenstrauß oder ein Korb mit saisonalen Produkten zelebrieren die Jahreszeiten.
- **Kleine Kinder mögen** Dinge und Aktivitäten, die für bestimmte Jahreszeiten typisch sind, z. B. für kältere Jahreszeiten Winterjacken, Laub harken, Schlitten fahren, traditionelle Gerichte, warme Suppen oder Plätzchen.
- **Kinder sammeln gern** Dinge, die die Jahreszeiten und besondere Feiertage repräsentieren. Bewahren Sie einige davon für die kommenden Jahre auf. Wenn Sie sie wegpacken und bei der Wiederkehr der Jahrestradition wieder auspacken, werden sie Ihnen Freude machen. Als weitere jährliche Traditionen können Sie z. B. Blumenzwiebeln im Haus austreiben lassen oder blühende Zweige in eine Vase stellen.

FAMILIEN-FEIERN

Familienfeiern zelebrieren oft den Lebenszyklus der Familienmitglieder. Die Familie versammelt sich, um Lebensereignisse zu feiern oder ihrer zu gedenken, je nach ihrem Glauben, ihren Bräuchen und Traditionen.

Jahrestage feiern

Wenn sich Familien zu Hochzeitsjubiläen, Geburtstagen, Todestagen, kulturellen oder nationalen Feiertagen oder Jahrestreffen versammeln, feiern sie ihre Verbundenheit und schwelgen in Erinnerungen. Ein Hochzeitstag bietet Ihnen Gelegenheit, Ihrem Kind Fotos und Videos zu zeigen. Sie können von diesem besonderen Tag erzählen und eine Familiengeschichte begründen.

Für Ihr Kind ist sein Geburtstag etwas ganz Besonderes, denn er ehrt den Beginn seines Lebens und macht ihm den Zeitenlauf durch seine eigene Geschichte bewusst. Diesen Tag können Sie mit einem Kuchen, Geschenken, einem Geburtstagslied und anderem feiern.

- **Erklären Sie Ihrem Kind,** dass ein Jahr die Zeitspanne ist, in der die Erde einmal um die Sonne kreist. Bitten Sie die Gäste, sich in einen Kreis zu setzen. Stellen Sie in die Mitte eine Kerze als Symbol für die Sonne und geben Sie Ihrem Kind einen Globus, der die Erde darstellt. Erklären Sie, dass die Erde seit der Geburt Ihres Kindes so viele Male um die Sonne gekreist ist, wie Ihr Kind alt ist. Während Ihr Kind den Globus für jedes Jahr seines Lebens langsam um den Kreis trägt, erzählen Sie eine kurze Geschichte und zeigen Fotos aus jedem Jahr.
- **Zünden Sie eine besondere Kerze** an. Versammeln Sie sich um sie und lassen Sie Ihr Kind die wichtigsten Ereignisse des letzten Jahres und seine Träume für das kommende Jahr

Alter und Entwicklung

18 Monate–6 Jahre
Übertreiben Sie die Geburtstagsfeiern nicht. Schaffen Sie Traditionen, mit denen Sie das Heranwachsen Ihres Kindes feiern, halten Sie sie einfach, stellen Sie das Kind in den Mittelpunkt, und lassen Sie die Familie dem Kind ihre Liebe und Wertschätzung seiner einzigartigen Qualitäten zeigen.

6–12 Jahre
Lehren Sie Ihr Kind, den Anlass wertzuschätzen, statt nur Geschenke anzuhäufen.

12–18 Jahre
Wichtige Riten markieren jetzt den Übergang zum Erwachsensein. Lenken Sie den Fokus Ihres Kindes auf die Symbolik des Ereignisses und auf die Bedeutung des Meilensteins.

erzählen. Sagen Sie, was Sie Ihrem Kind für das neue Jahr wünschen.

- **Fügen Sie jedes Jahr** Dinge für Ihr Kind zu einer Zeitkapsel hinzu. Sie wird verschlossen und bis zum 21. Geburtstag Ihres Kindes verwahrt. Sie kann Fotos, Gegenstände und Briefe von Ihnen enthalten, die an Meilensteine und Ereignisse erinnern. Ihr Kind kann sich darauf freuen, diese wertvollen Erinnerungen zu öffnen.

Übergangsriten

Die Dauer und Aufregung bei formellen Zeremonien wie Taufen, Schulabschlussfeiern, Hochzeiten oder Beerdigungen können Ihr Kind überfordern. Respektieren Sie seine Bedürfnisse, und überlegen Sie, wie es am besten teilnimmt, wenn überhaupt. Drängen Sie es nicht in eine Rolle, mit der es nicht zurechtkommt. Überlegen Sie, ob sich Ihr kleines Kind in einem Publikum, einer Gemeinde oder bei einer Feier angemessen verhalten kann und eine positive Erfahrung macht, ohne andere zu stören.

Wägen Sie sensibel ab zwischen der Möglichkeit für Ihr Kind, teilzuhaben, Erinnerungen zu schaffen und Bindungen aufzubauen, und dem, was es verkraften kann. Es könnte z. B. auch nur einen besonderen Moment miterleben.

Sich anlässlich eines Geburtstags zu versammeln bestärkt das Zusammengehörigkeitsgefühl und die Liebe in einer Familie.

REGISTER

F

G

H

I, J

K

L

M

N

O, P

R

S

T

U

V

W

Y, Z

QUELLENNACHWEIS

S. 100, Schlafenszeit: Größere Kinder
»Adolescent changes in homeostatic and circadian regulation of sleep«, *Developmental Neuroscience*, 2017, DOI: 10.1159/000216538

LITERATURHINWEISE

Die Entdeckung des Kindes, Maria Montessori, in *Gesammelte Werke*, Bd. 1, Hrsg. Harald Ludwig, Herder Verlag, 3. Aufl., 2010

Das Kind in der Familie, Maria Montessori, in *Gesammelte Werke*, Bd. 7, Hrsg. Franz Hammerer et al., Herder Verlag, 1. Aufl., 2011

Kinder sind anders (Kinder fordern uns heraus), Maria Montessori, Klett-Cotta, 22. Aufl., 2019

Montessori von Anfang an, Paula Polk Lillard, Lynn Lillard Jessen, Herder Verlag, 2. Aufl. 2012

Kinder fördern nach Montessori, Tim Seldin, Dorling Kindersley, 2017 (Neuauflage)

DANKSAGUNGEN

Die Autoren danken ihren Familien für ihre Geduld und Unterstützung, heute wie schon die ganzen Jahre hindurch. Sie sind zweifellos der »Wind unter unseren Flügeln«. Wir sind auch unseren vielen Freunden und Kollegen zu Dank verpflichtet, deren Rat und Unterstützung für unsere Berufstätigkeit von unschätzbarem Wert war.

Dorling Kindersley dankt folgenden Personen für ihre Mitarbeit:

Alicia Diaz-David @montessibaby @teachlearnmontessori

Chaneen Saliee @chaneensaliee

Carine Robin @montessorifamilyuk

Lauren Weber @modernmontimama

Claire Wedderburn-Maxwell für das Korrektorat und Vanessa Bird für die Erstellung des Registers.

ÜBER DIE AUTOREN

Tim Seldin ist Präsident der Montessori-Stiftung und Vorsitzender des Internationalen Montessori-Rats. In seiner über 40-jährigen Erfahrung mit der Montessori-Pädagogik war er Montessori-Berater, Leiter der Barrie School in Silver Spring, Maryland (USA) – die er selbst vom zweiten Lebensjahr bis zum Highschool-Abschluss besucht hatte – und Direktor der NewGate School in Sarasota, Florida (USA).

Tim Seldin war Mitbegründer und Direktor des Institute for Advanced Montessori Studies und des Center for Guided Montessori Studies. Er erwarb einen B.A. in Geschichte und Philosophie an der Georgetown University, einen M.Ed. in Schulverwaltung und Supervision an der American University und seine Montessori-Zertifizierung von der American Montessori Society. Tim Seldin verfasste mehrere Bücher über die Montessori-Pädagogik, darunter *How to Raise An Amazing Child* (deutsch *Kinder fördern nach Montessori); Building a World-class Montessori School; The Montessori Way with Dr. Paul Epstein; Finding the Perfect Match – Recruit and Retain Your Ideal Enrollment; Master Teachers – Model Programs; Starting a New Montessori School; Celebrations of Life* und *The World in the Palm of Her Hand.*

Tim ist Vater und Stiefvater von fünf ehemaligen Montessori-Schülern und Großvater einer neuen Generation von Montessori-Schülern. Mit seiner Frau Joyce St. Giermaine und ihren gemeinsamen Pferden, Hunden und Katzen lebt er auf einem kleinen Weingut nördlich von Sarasota in Florida (USA).

Lorna McGrath ist die Direktorin der Montessori Family Alliance, einer Abteilung der Montessori-Stiftung und Gastgeberin der Webinar-Serie *Montessori Family Life*.

Während ihrer Berufstätigkeit im Bildungssektor unterrichtete sie Drei- bis Sechsjährige in Montessori-Gruppen und im öffentlichen Sektor Schüler in Middle und High Schools. Viele Jahre lang war sie stellvertretende Leiterin der NewGate School in Sarasota, Florida (USA), in deren Kuratorium sie Mitglied ist. In mehreren Montessori-Lehrerausbildungszentren in den USA und in China ist sie in der Erwachsenenbildung tätig. Sie hat einen B.S. in Hauswirtschaftslehre, einen M.Ed. mit Schwerpunkt Familienberatung und ein Lehrdiplom der American Montessori Society. Sie ist ausgebildete Elterntrainerin und Autorin von *The Parenting Puzzle: The Basics*, einem Kurs über die Integration von Montessori-Werten und -Prinzipien in den Familienalltag.

Lorna McGrath und ihr Mann Larry pflegen ein inniges Verhältnis zu ihren erwachsenen Kindern, die Montessori-Schulen besuchten. Sie freuen sich sehr darüber, dass auch ihr Enkel jetzt eine Montessori-Schule besucht. In ihrer Freizeit arbeitet Lorna im Garten, näht Quilts und anderes und reist gerne, zusammen mit ihrem Mann.

DK Penguin Random House

DK London
Lektorat Katie Cowan, Dawn Henderson, Claire Cross
Gestaltung und Bildredaktion Maxine Pedliham,
Marianne Markham, Barbara Zuniga, Vanessa Hamilton
Umschlaggestaltung Nicola Powling, Lucy Philpott
Herstellung Tony Phipps, Rebecca Parton
Illustrationen Yeji Kim

Für die deutsche Ausgabe:
Programmleitung Monika Schlitzer
Redaktionsleitung Dr. Kerstin Schlieker
Projektbetreuung Caren Kinscherf
Herstellungsleitung Dorothee Whittaker
Herstellungskoordination Bianca Isack
Herstellung Sabine Hüttenkofer

Titel der englischen Originalausgabe:
Montessori for every family.
A practical parenting guide to living, loving, and learning

Übersetzung Anke Wellner-Kempf
Lektorat Tanja Schröpfer

ISBN 978-3-8310-4406-1

Druck und Bindung TBB, a.s., Slowakei

FSC
www.fsc.org
MIX
Papier aus verantwortungsvollen Quellen
FSC® C018179

www.dk-verlag.de

NOCH MEHR LESESTOFF **FÜR ELTERN**

ISBN: 978-3-8310-3716-2
16,95 € (D) / 17,50 € (A)

ISBN: 978-3-8310-3795-7
16,95 € (D) / 17,50 € (A)

ISBN: 978-3-8310-4427-6
16,95 € (D) / 17,50 € (A)

ISBN: 978-3-8310-4161-9
16,95 € (D) / 17,50 € (A)

DK

www.dk-verlag.de